Aprendamos Los Números
Con Camron y Chloe

Denver International SchoolHouse

Aprendamos Los Números con Camron y Chloe

Denver International SchoolHouse

© 2021 Denver International SchoolHouse

All rights reserved. No part of this publication may be reproduced, stored in a retrieval system or transmited in any form or by any means, electronic, mechanical, photocopying, recording or otherwise without the prior permision of the publisher or in accordance with the provisions of the Copyright, Designs and Patents Act 1988 or under the terms of any licence permitting limited copying issued by the Copyright Licensing Angency.

ISBN : 978-1-7358013-6-0

Nombre:_____

Uno

Colorea el número 1. Colorea la fresa.

Traza el número 1.

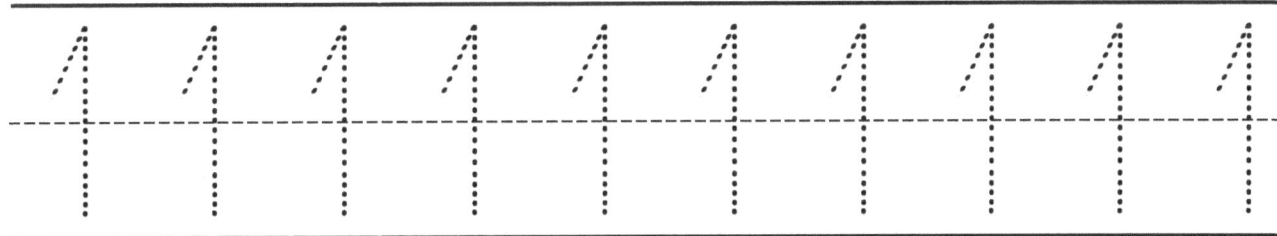

Encierra en un círculo el cuadro que muestra 1.

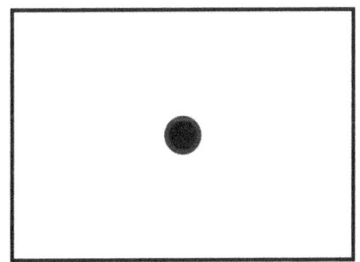 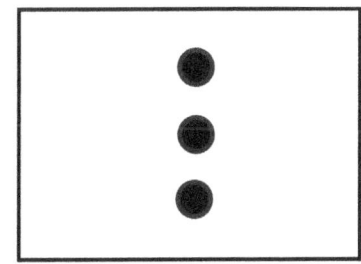 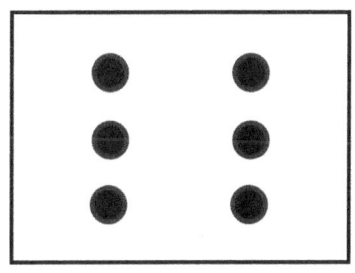

Nombre:_____

Uno

Colorea solo el número 1.

| 3 | 1 | 5 |
| 4 | 6 | 1 |

2	6	1	3	5
1	4	2	5	6
6	2	1
4	1	3

1

Nombre: _____

Colorea

Pinta

Busca y colorea

Nombre:_____

Uno

Repasa el trazo.

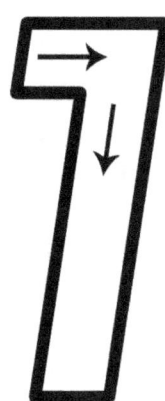

Pega etiquetas seún el número.

Encierra todos los números 1.

6 1 4 2 3 5
1 4 3 1 2 6

Resta uno y suma uno.

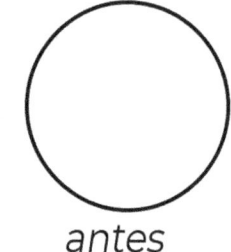  

antes después

Colorea las plumas según el número.

Repasa la escritura. Uno

Denver International SchoolHouse

Nombre:_____

Uno

Traza el número. Traza la palabra numérica.

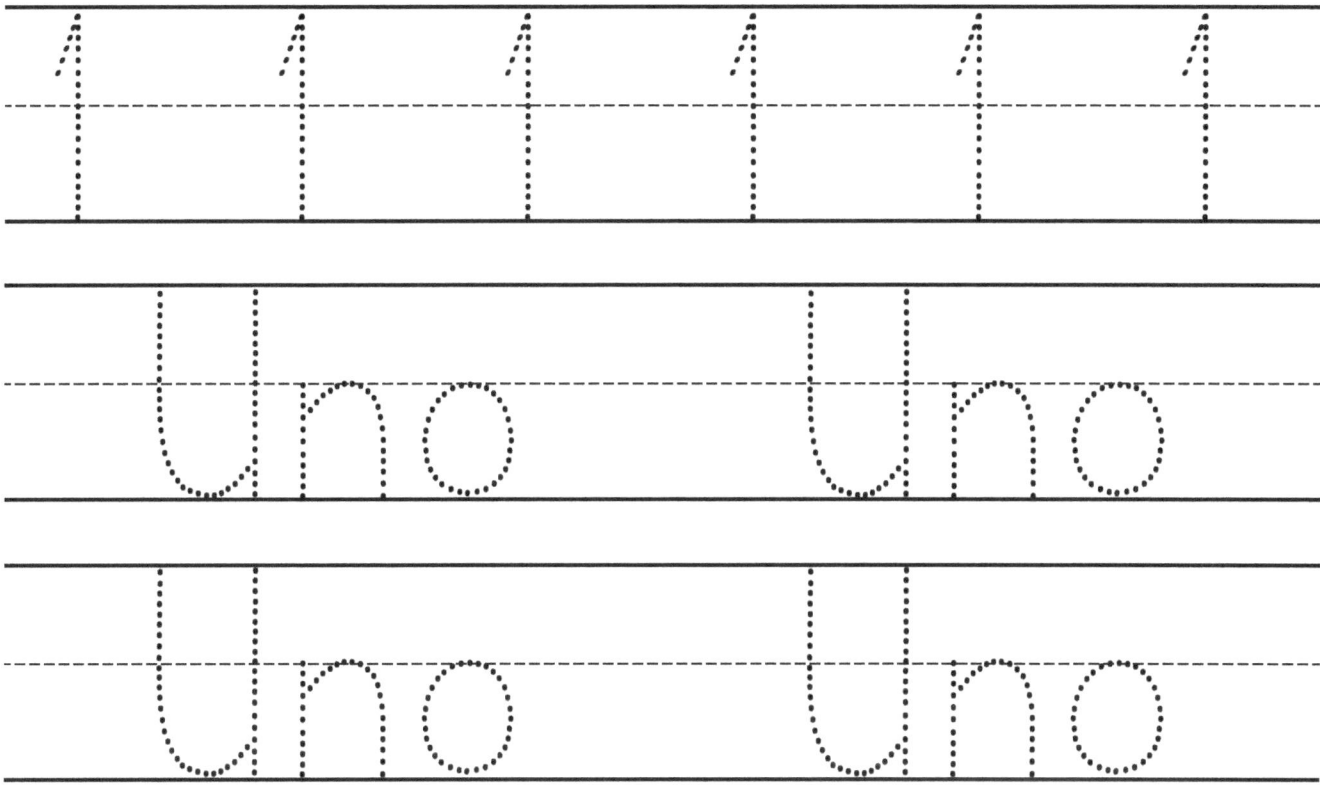

Ahora, practique escribiendo el número y la palabra numérica por su cuenta.

Nombre:_____

Uno

Colorea el cohete.

Nombre:_____

Dos

Colorea el número 2. Colorea los 2 patos.

Traza el número 2.

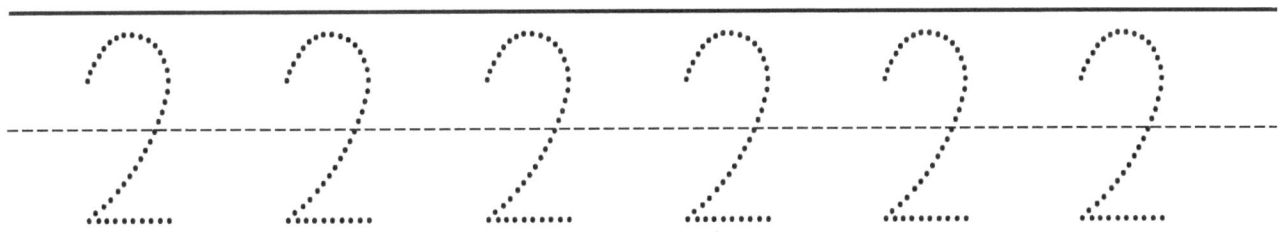

Encierra en un círculo el cuadro que muestra 2.

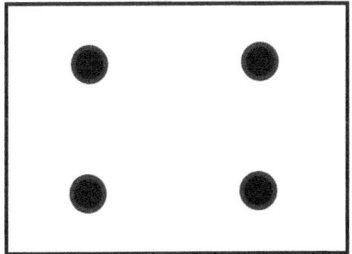 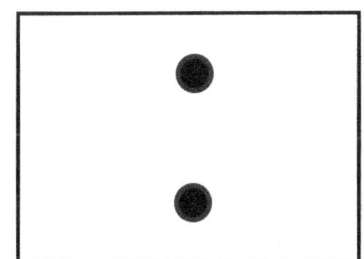 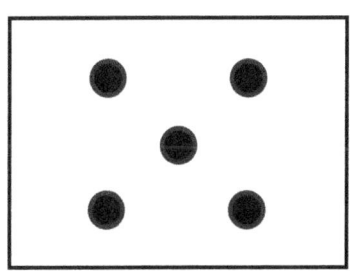

Nombre:_____

Dos

Colorea solo el número 2.

3	5	2
2	6	5
4	6	1	3	2
5	2	4	2	6
6	4	5
2	5	3

2

Nombre: _____

Colorea

Pinta

Busca y colorea

Nombre:_____

Dos

Repasa el trazo

Pega etiquetas seún el número

Encierra todos los números 2

```
2 6 5 2 3 1
4 1 2 5 2 3
```

Resta uno y suma uno

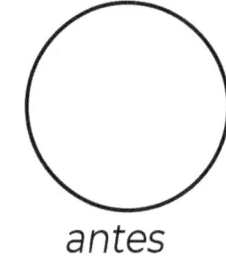  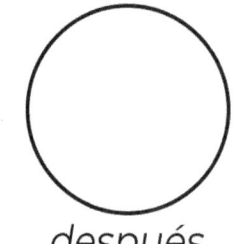

antes · después

Colorea las plumas según el número

Repasa la escritura .... Dos

Nombre:_____

Dos

Traza el número. Traza la palabra numérica.

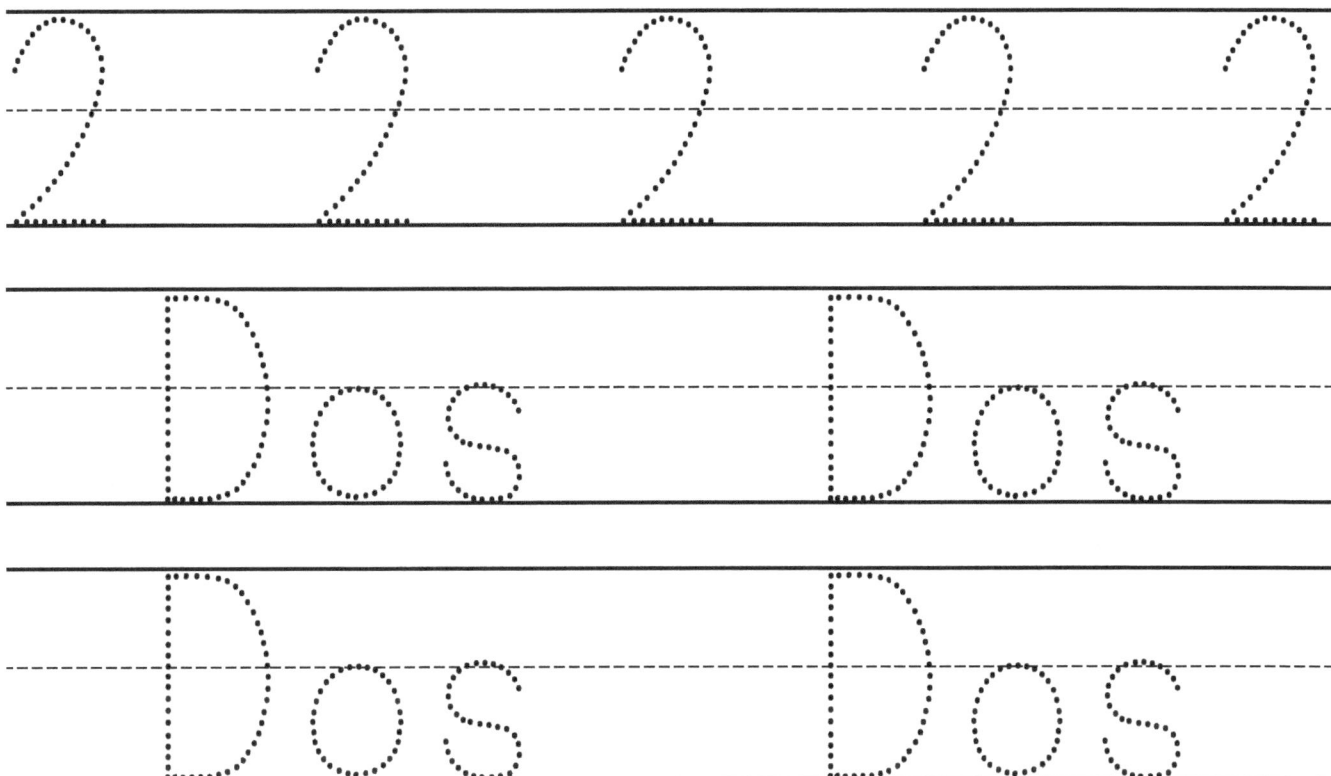

Ahora, practique escribiendo el número y la palabra numérica por su cuenta.

*Nombre:*_____

Dos

Colorea los 2 delfines.

Denver International SchoolHouse

Nombre:_____

Tres

Colorea el número 3. Colorea las 3 ocas.

Traza el número 3.

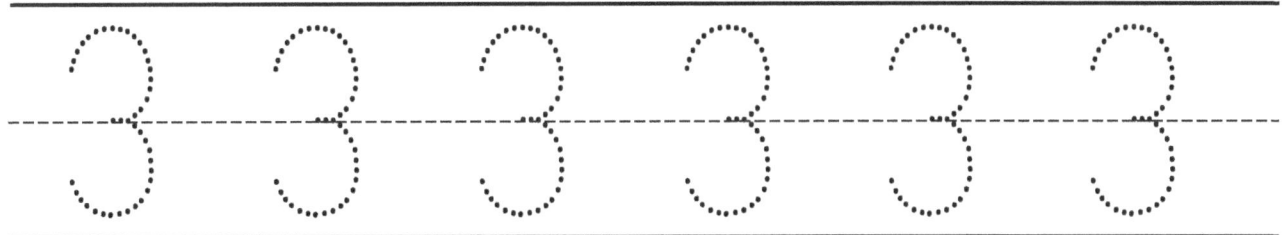

Encierra en un círculo el cuadro que muestra 3.

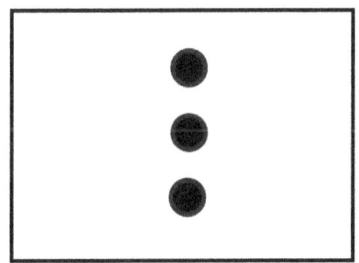 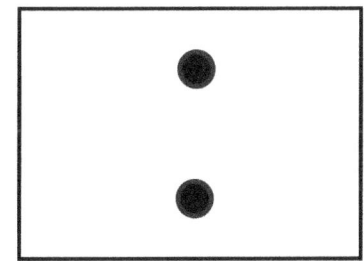 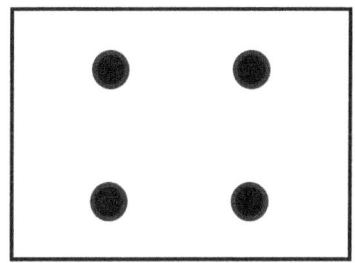

Nombre:_____

Tres

Colorea solo el número 3.

	2	5	3
	6	3	1
3	5	1	2	3
1	3	5	4	6
3	4	5	
1	2	3	

3

Nombre: _____

Colorea

Pinta

Busca y colorea

Nombre:_____

Tres

Repasa el trazo

Pega etiquetas seún el número

Encierra todos los números 3

Resta uno y suma uno

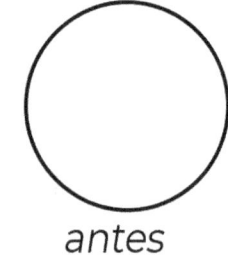  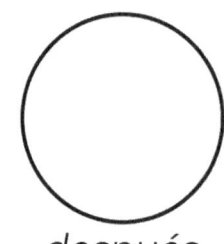

antes   después

Colorea las plumas según el número

Repasa la escritura

Denver International SchoolHouse

Nombre:_____

Tres

Traza el número. Traza la palabra numérica.

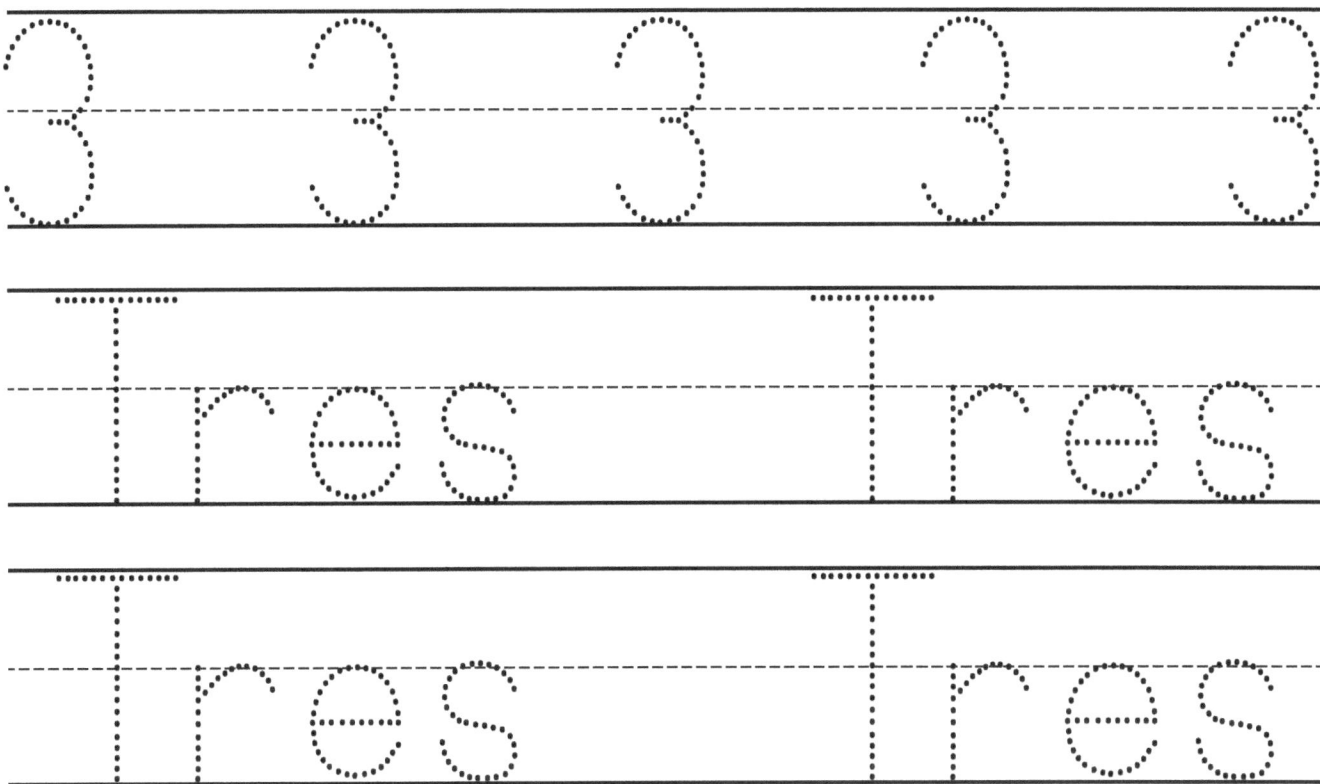

Ahora, practique escribiendo el número y la palabra numérica por su cuenta.

Nombre:_____

Tres

Colorea los 3 carros.

Denver International SchoolHouse

Nombre:_____

Cuatro

Colorea el número 4. Colorea los 4 girasoles.

Traza el número 4.

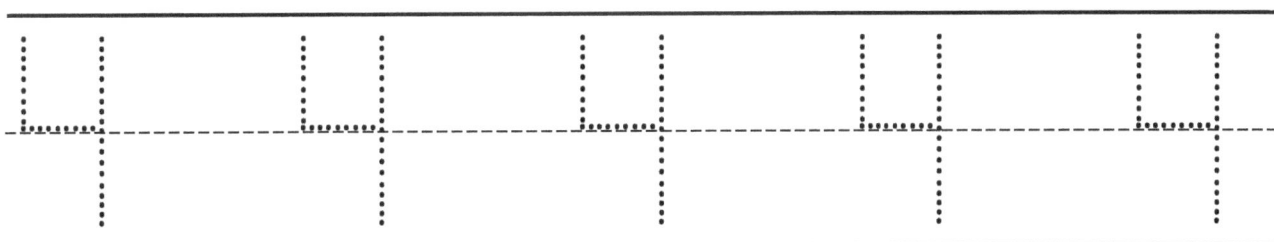

Encierra en un círculo el cuadro que muestra 4.

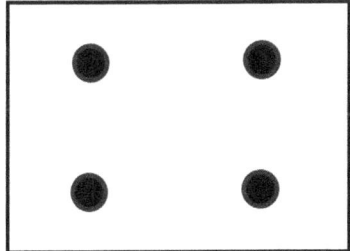 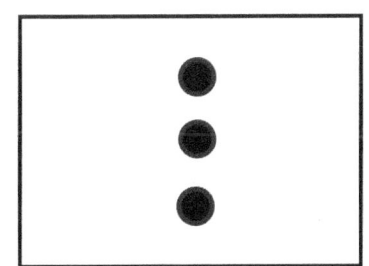 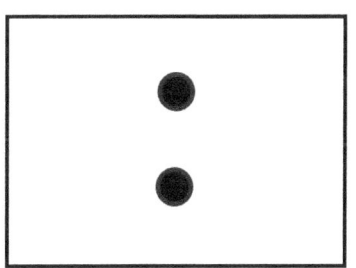

Nombre:_____

Cuatro

Colorea solo el número 4.

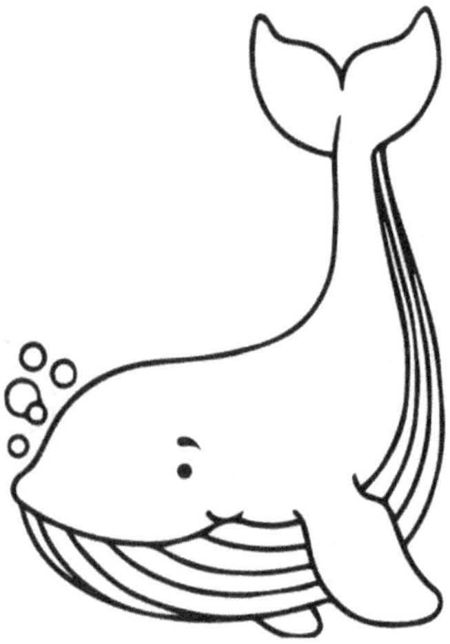

	1	5	4
	2	4	5
4	7	1	3	2
5	8	4	2	6
1	4	5		
4	5	3		

Denver International SchoolHouse

Nombre: _____

Colorea

Pinta

Busca y colorea

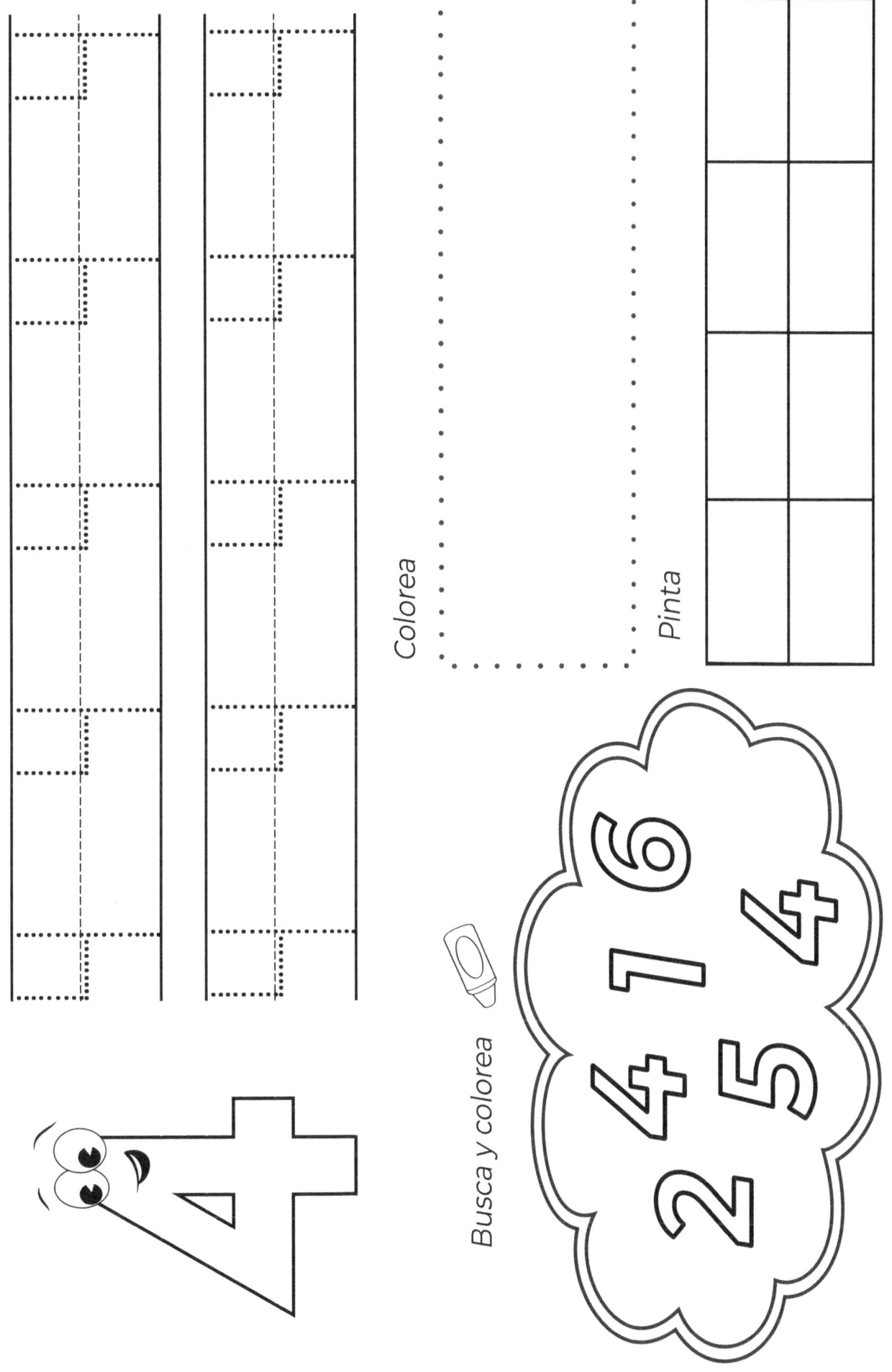

Nombre:_____

Cuatro

Repasa el trazo

Pega etiquetas seún el número

Encierra todos los números 4

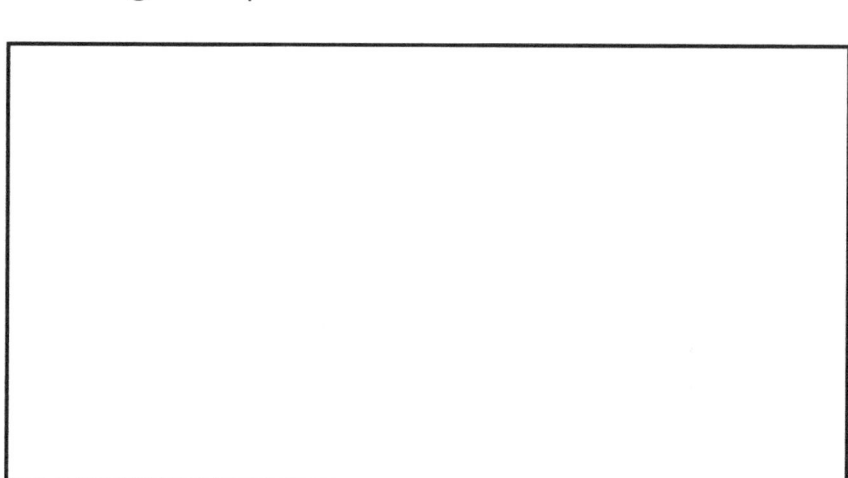

Resta uno y suma uno

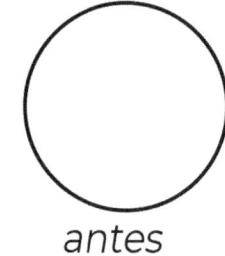  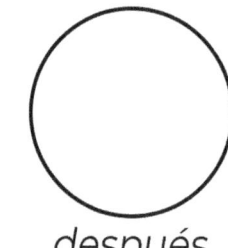

antes　　　　　　　　después

Colorea las plumas según el número

Repasa la escritura

Denver International SchoolHouse　　22

Nombre:_____

Cuatro

Traza el número. Traza la palabra numérica.

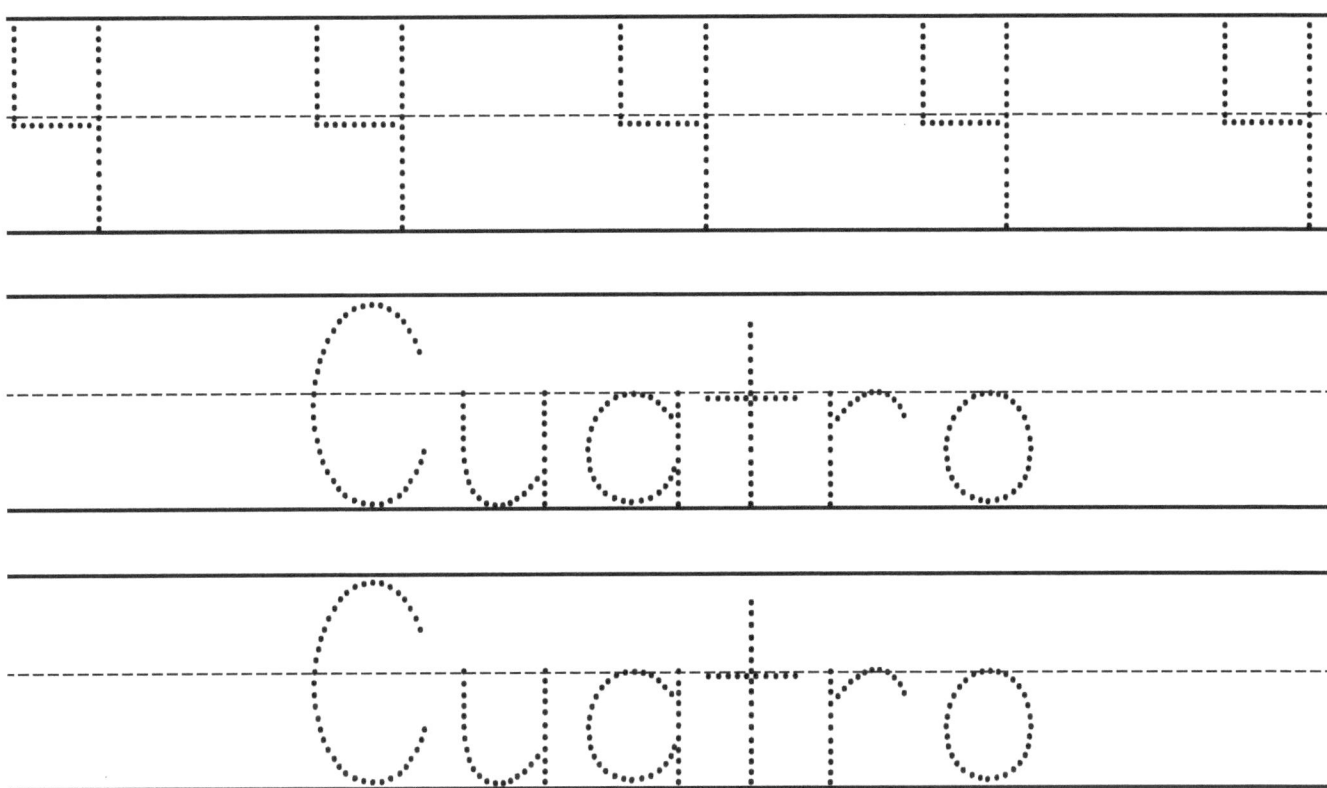

Ahora, practique escribiendo el número y la palabra numérica por su cuenta.

Nombre:_____

Cuatro

Colorea los 4 lápices.

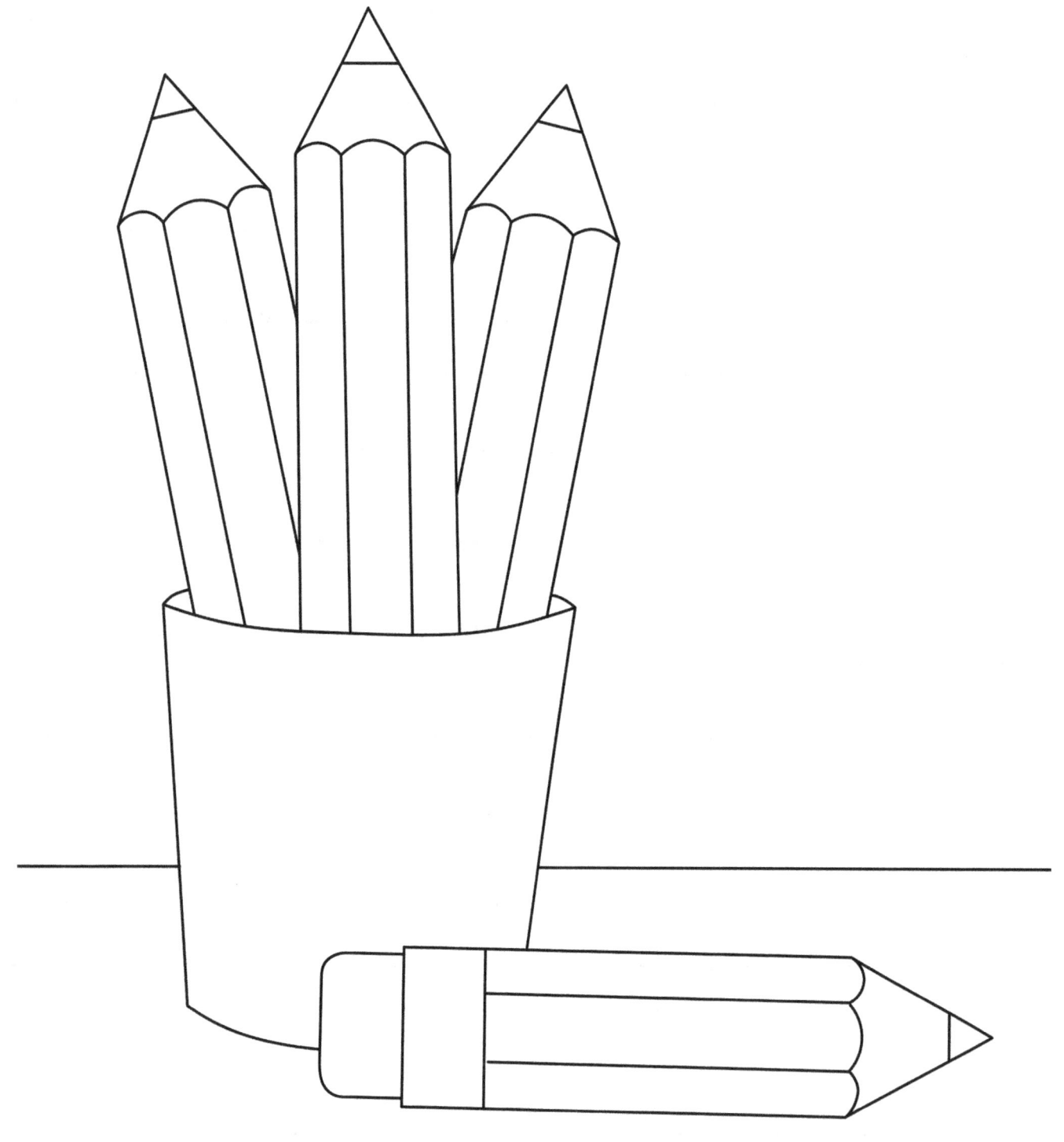

Denver International SchoolHouse 24

Nombre:_____

Cinco

Colorea el número 5. Colorea las 5 ovejas.

Traza el número 5.

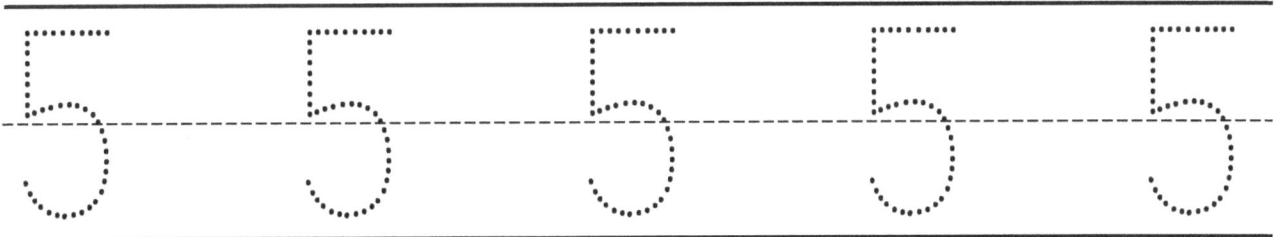

Encierra en un círculo el cuadro que muestra 5.

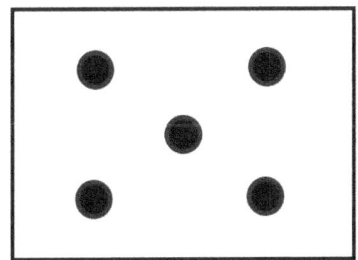 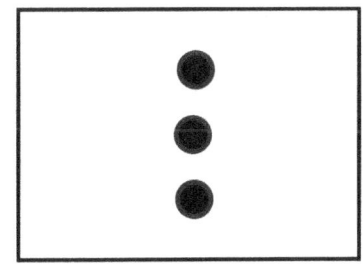 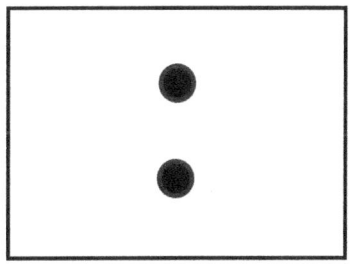

Nombre:_____

Cinco

Colorea solo el número 5.

6	5	4
2	3	5

6	7	5	3	2
5	3	4	2	6
7	4	5		
4	5	8		

5

Denver International SchoolHouse

Nombre: _____

Colorea

Pinta

Busca y colorea

Nombre:_____

Cinco

Repasa el trazo

Pega etiquetas seún el número

Encierra todos los números 5

6 5 4 3 2 1
8 5 4 5 3 1

Resta uno y suma uno

  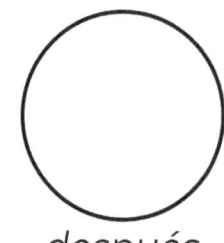

antes   después

Colorea las plumas según el número

Repasa la escritura   Cinco

Nombre:_____

Cinco

Traza el número. Traza la palabra numérica.

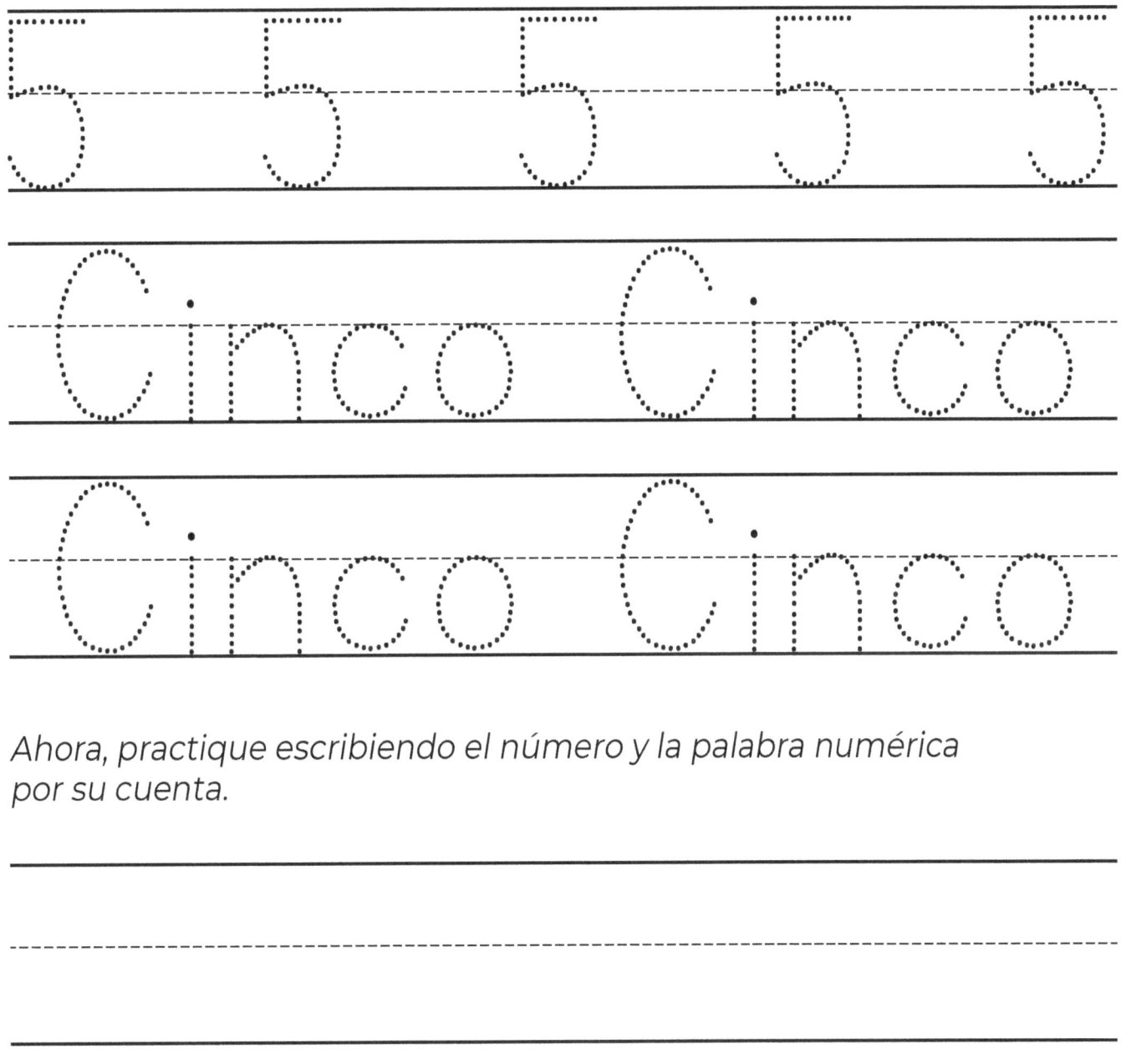

Ahora, practique escribiendo el número y la palabra numérica por su cuenta.

Denver International SchoolHouse

Nombre:_____

Cinco

Colorea los 5 gatos.

Nombre:_____

Seis

Colorea el número 6. Colorea las 6 nubes.

Traza el número 6.

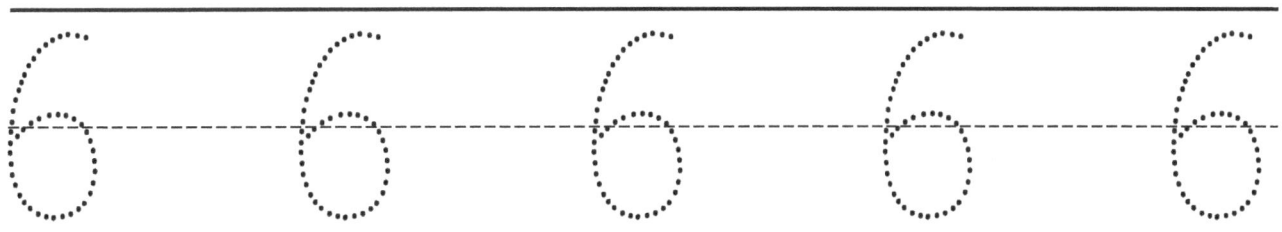

Encierra en un círculo el cuadro que muestra 6.

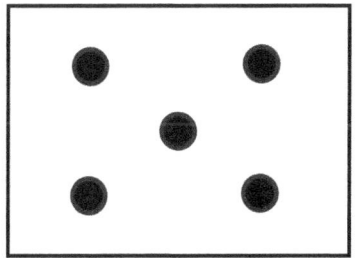 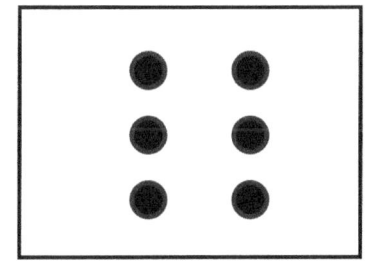 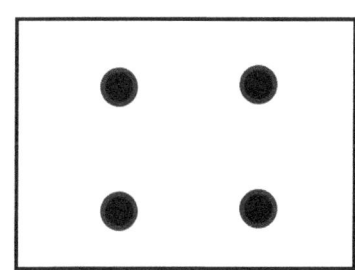

Nombre:_____

Seis

Colorea solo el número 6.

		6	3	2
		2	6	5
6	8	5	9	2
1	3	6	2	6
6	9	5		6
4	6	8		

Denver International SchoolHouse

Nombre: _____

Colorea

Pinta

Busca y colorea

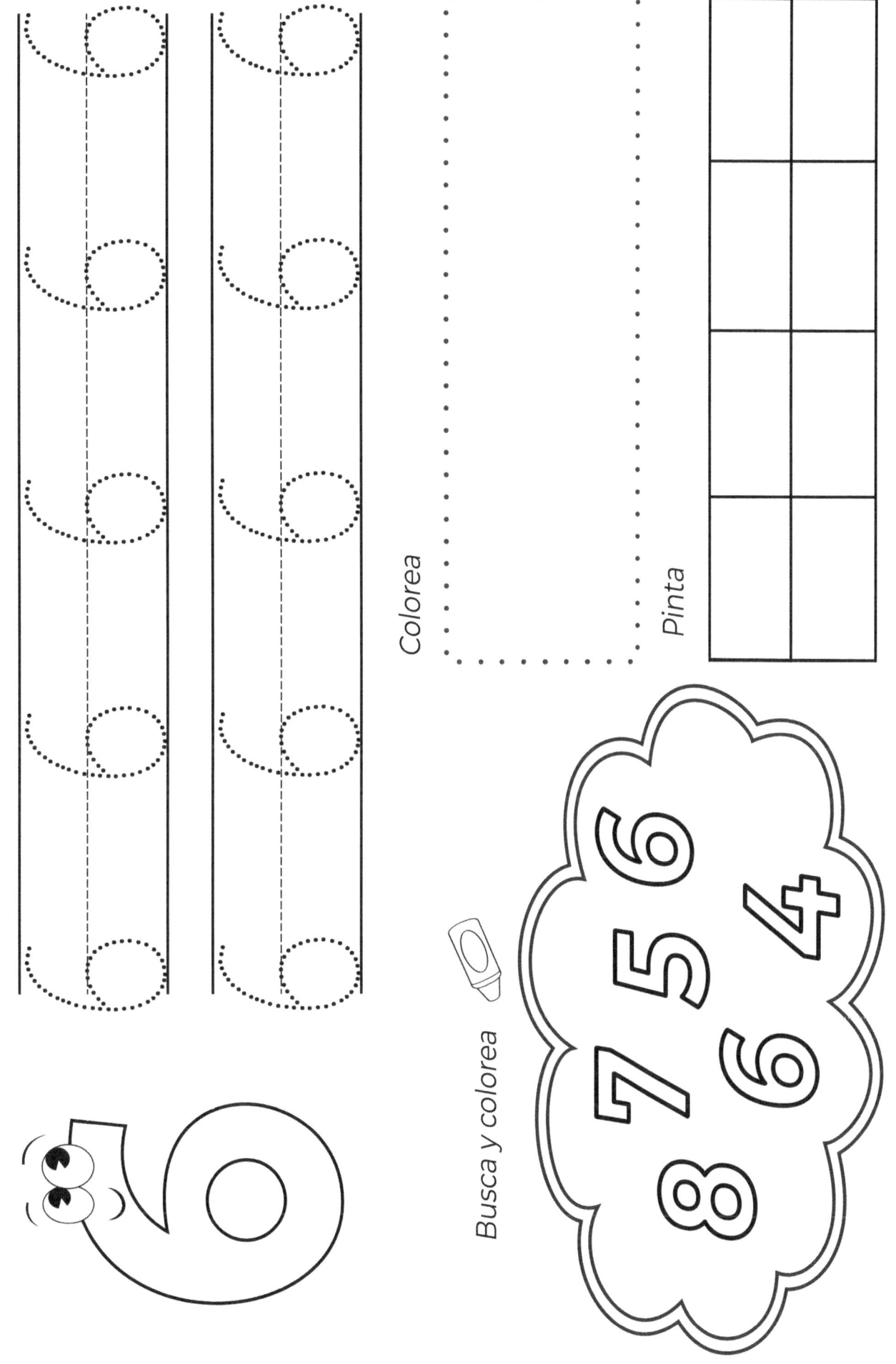

Nombre:_____

Seis

Repasa el trazo

Pega etiquetas seún el número

Encierra todos los números 6

```
6 4 5 6 1 3
9 6 8 6 7 5
```

Resta uno y suma uno

  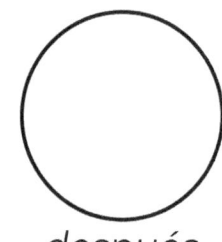

antes   después

Colorea las plumas según el número

Repasa la escritura   Seis

Nombre:_____

Seis

Traza el número. Traza la palabra numérica.

Ahora, practique escribiendo el número y la palabra numérica por su cuenta.

Denver International SchoolHouse

Nombre:_____

Seis

Colorea las 6 pelotas.

Nombre:_____

Siete

Colorea el número 7. Colorea las 7 pelotas.

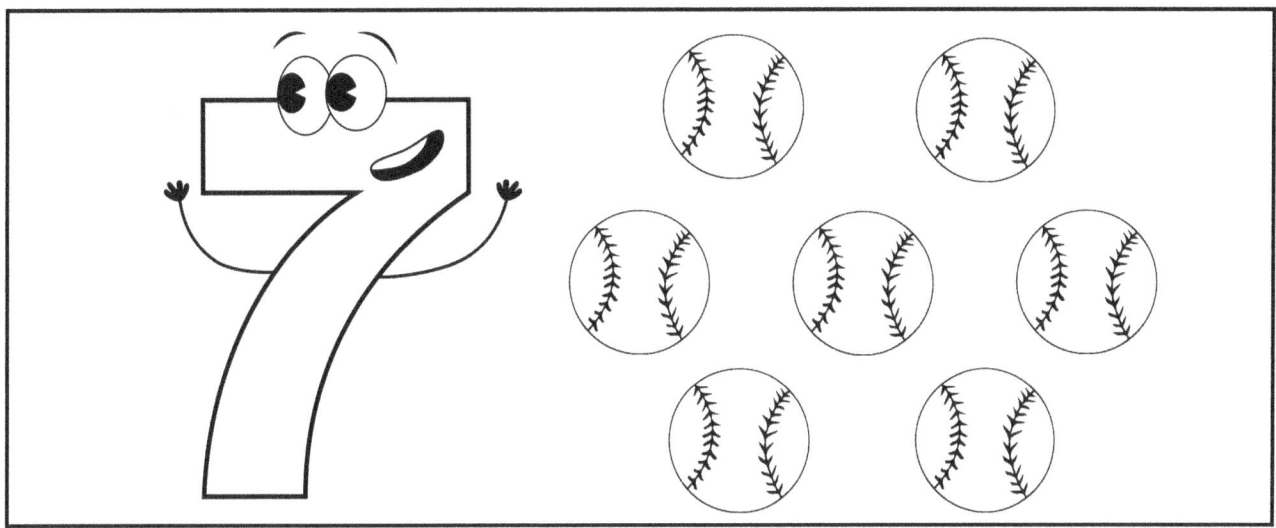

Traza el número 7.

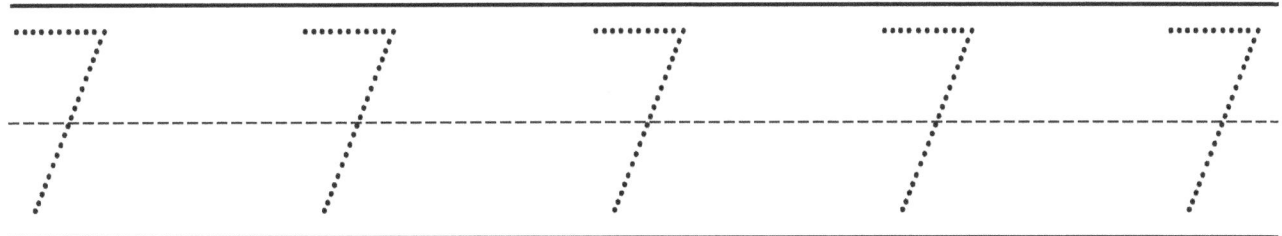

Encierra en un círculo el cuadro que muestra 7.

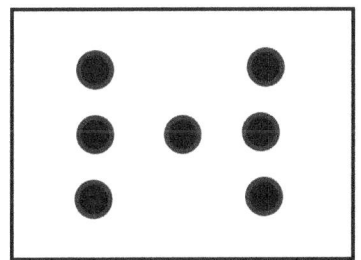 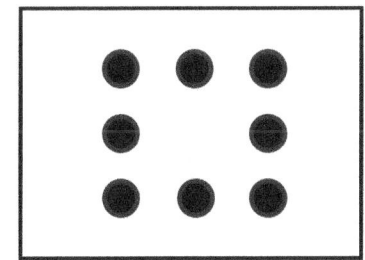 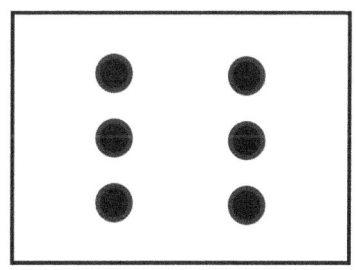

Nombre:_____

Siete

Colorea solo el número 7.

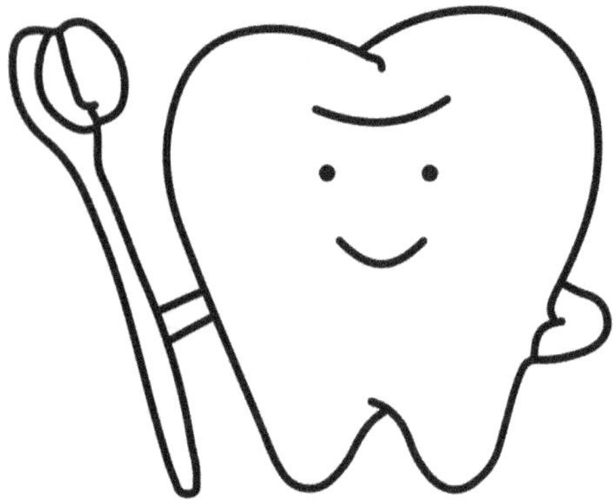

| 7 | 5 | 4 |
| 2 | 7 | 9 |

| 3 | 7 | 5 | 8 | 1 |
| 9 | 3 | 7 | 2 | 7 |

| 7 | 4 | 5 |
| 3 | 7 | 8 |

7

Nombre: _____

Colorea

Pinta

Busca y colorea

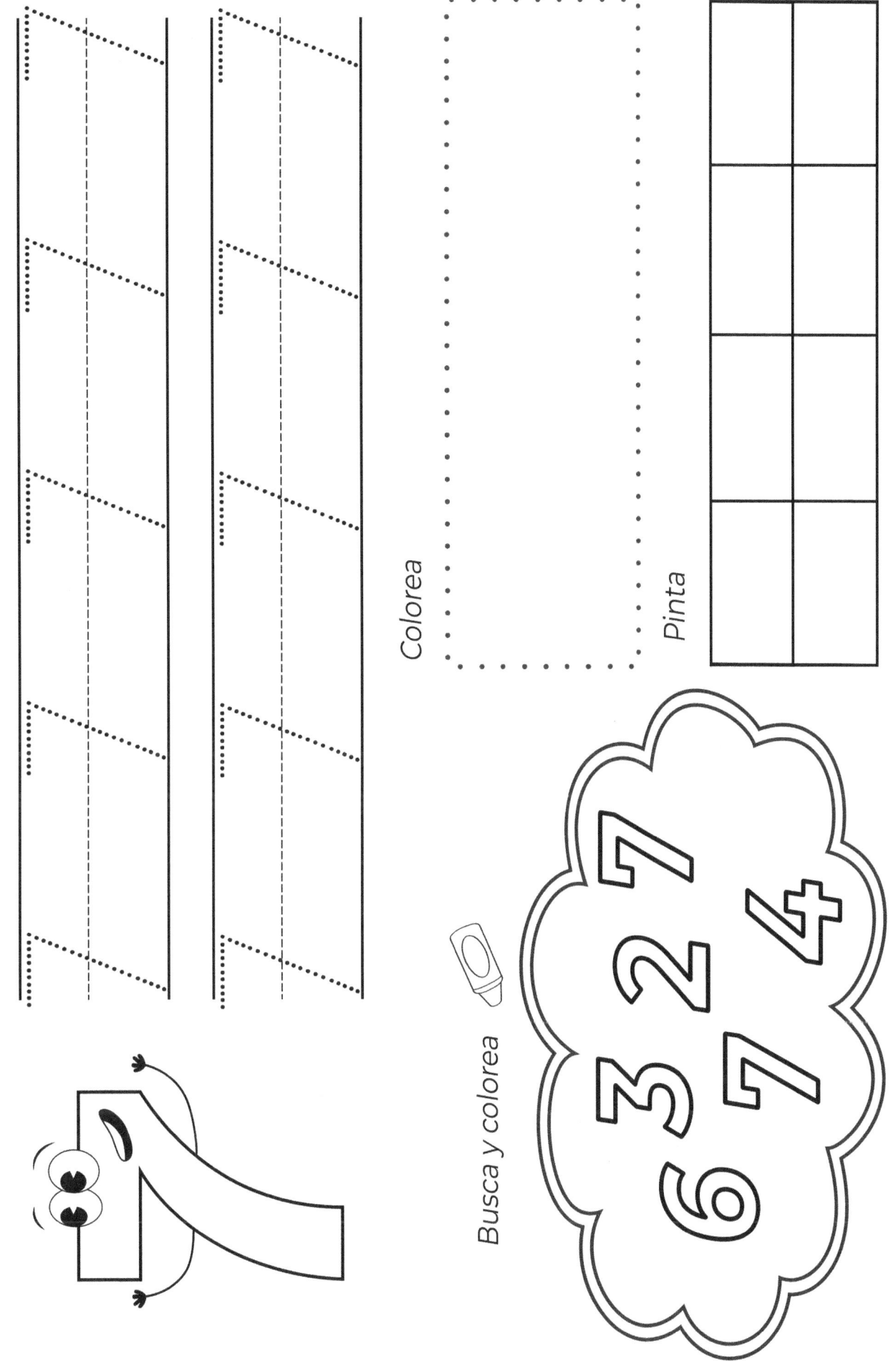

Nombre:_____

Siete

Repasa el trazo

Pega etiquetas seún el número

Encierra todos los números 7

```
7  8  9  7  6  5
9  8  7  6  5  4
```

Resta uno y suma uno

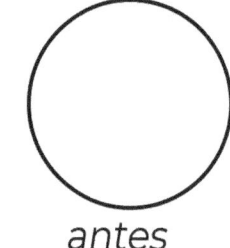  

antes después

Colorea las plumas según el número

Repasa la escritura Siete

Nombre:_____

Siete

Traza el número. Traza la palabra numérica.

7 7 7 7 7

Siete Siete

Siete Siete

Ahora, practique escribiendo el número y la palabra numérica por su cuenta.

Nombre:_____

Siete

Colorea los 7 papalotes.

Nombre:_____

Ocho

Colorea el número 8. Colorea las 8 pelotas.

Traza el número 8.

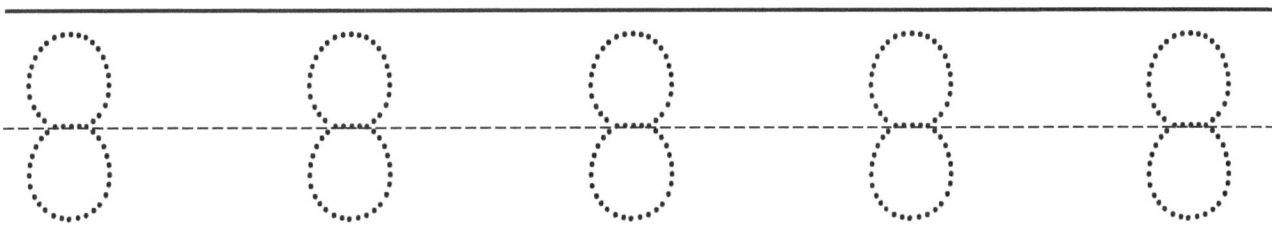

Encierra en un círculo el cuadro que muestra 8.

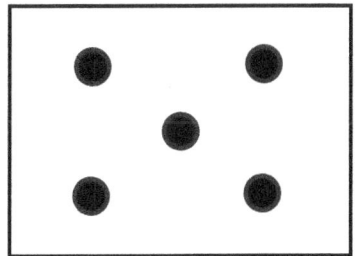 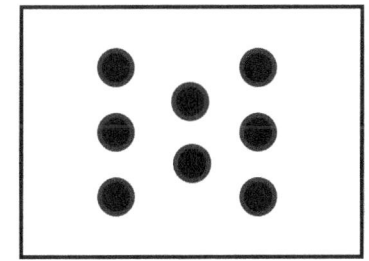 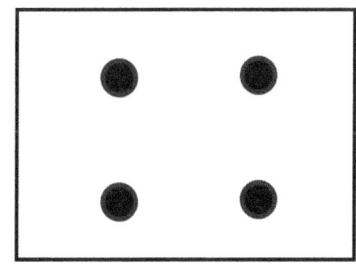

Nombre:_____

Ocho

Colorea solo el número 8.

8	3	9
2	8	10
11	8	10	9	2
8	7	6	8	6
6	9	8
10	6	8

8

Nombre: _____

Colorea

Pinta

Busca y colorea

Nombre:_____

Ocho

Repasa el trazo

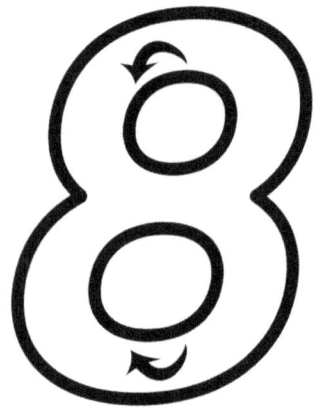

Pega etiquetas seún el número

Encierra todos los números 8

9	8	7	6	5	8
5	6	8	7	3	1

Resta uno y suma uno

  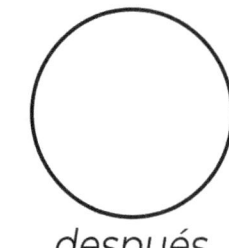

antes   después

Colorea las plumas según el número

Repasa la escritura

Denver International SchoolHouse

Nombre:_____

Ocho

Traza el número. Traza la palabra numérica.

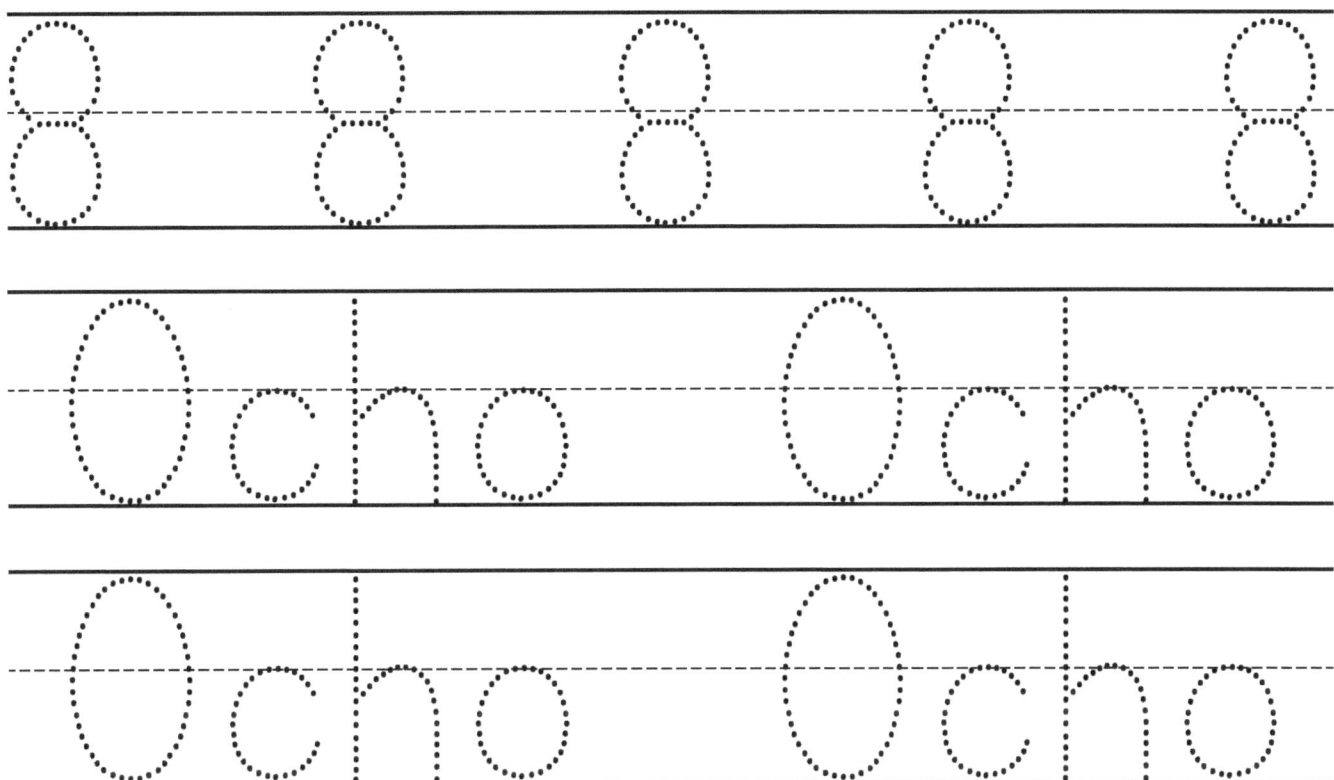

Ahora, practique escribiendo el número y la palabra numérica por su cuenta.

Denver International SchoolHouse

Nombre:_____

Ocho

Colorea los 8 peces.

Denver International SchoolHouse

Nombre:_____

Nueve

Colorea el número 9. Colorea las 9 manzanas.

Traza el número 9.

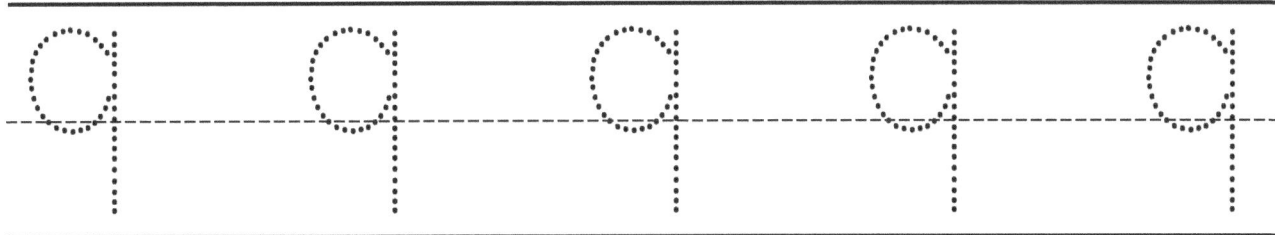

Encierra en un círculo el cuadro que muestra 9.

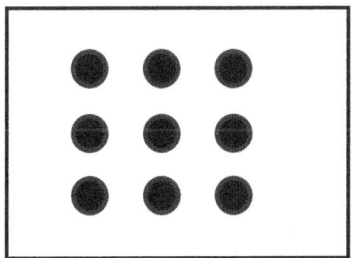 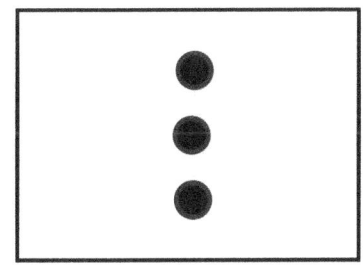 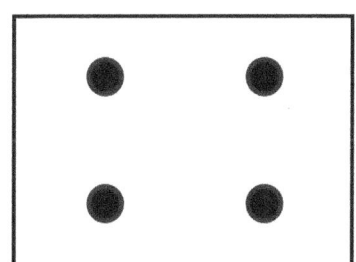

Denver International SchoolHouse

Nombre:_____

Nueve

Colorea solo el número 9.

6	9	11
2	10	9
8	9	5	9	2
5	11	4	12	9
7	9	5
4	5	9

9

Denver International SchoolHouse

Nombre: _____

Colorea

Pinta

Busca y colorea

Nombre:_____

Nueve

Repasa el trazo

Pega etiquetas seún el número

Encierra todos los números 9

9 8 7 6 5 9
7 9 8 9 6 4

Resta uno y suma uno

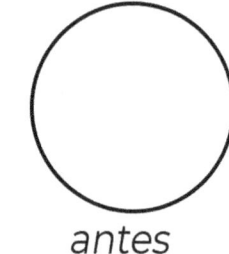  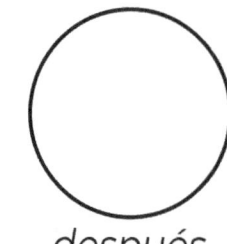

antes   después

Colorea las plumas según el número

Repasa la escritura   Nueve

Denver International SchoolHouse   52

Nombre:_____

Nueve

Traza el número. Traza la palabra numérica.

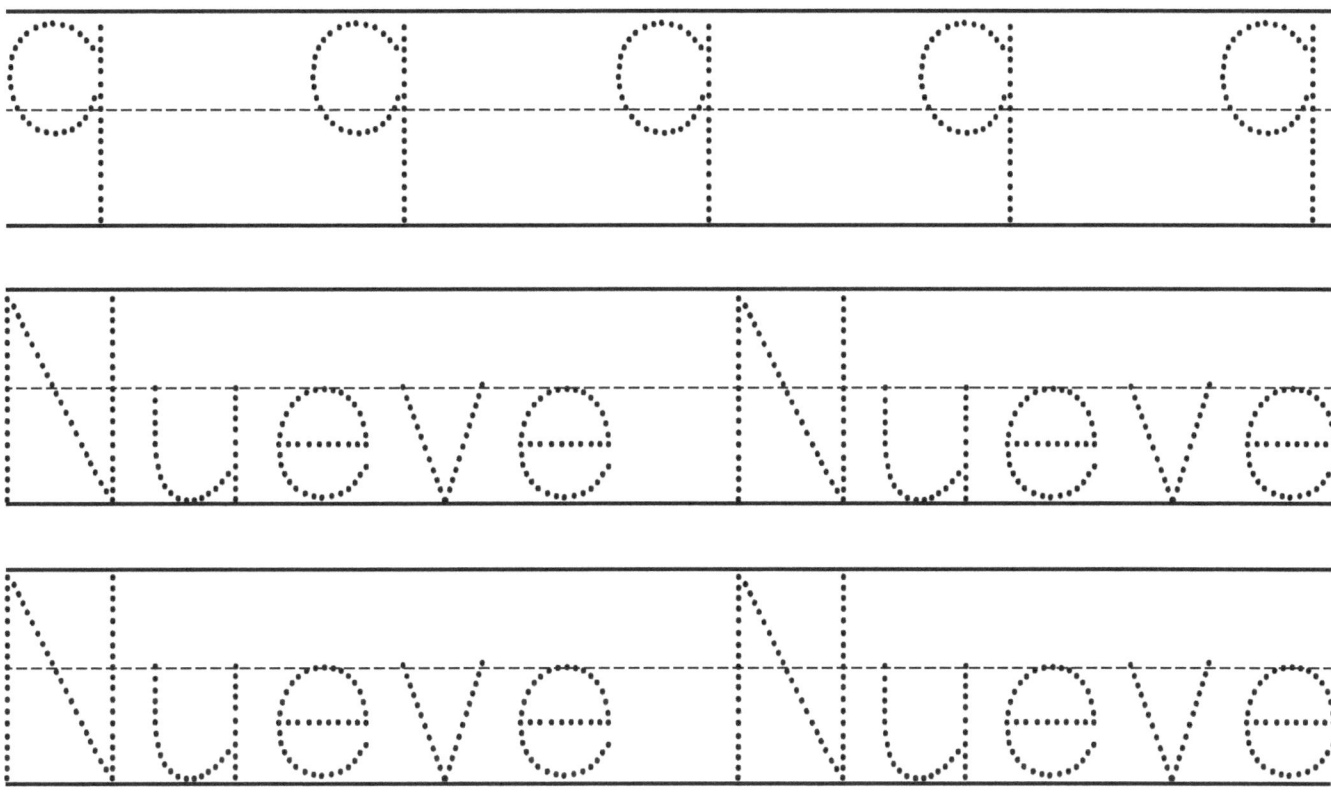

Ahora, practique escribiendo el número y la palabra numérica por su cuenta.

Denver International SchoolHouse

Nombre:_____

Nueve

Colorea las 9 manzanas.

Nombre:_____

Diez

Colorea el número 10. Colorea las 10 nueces.

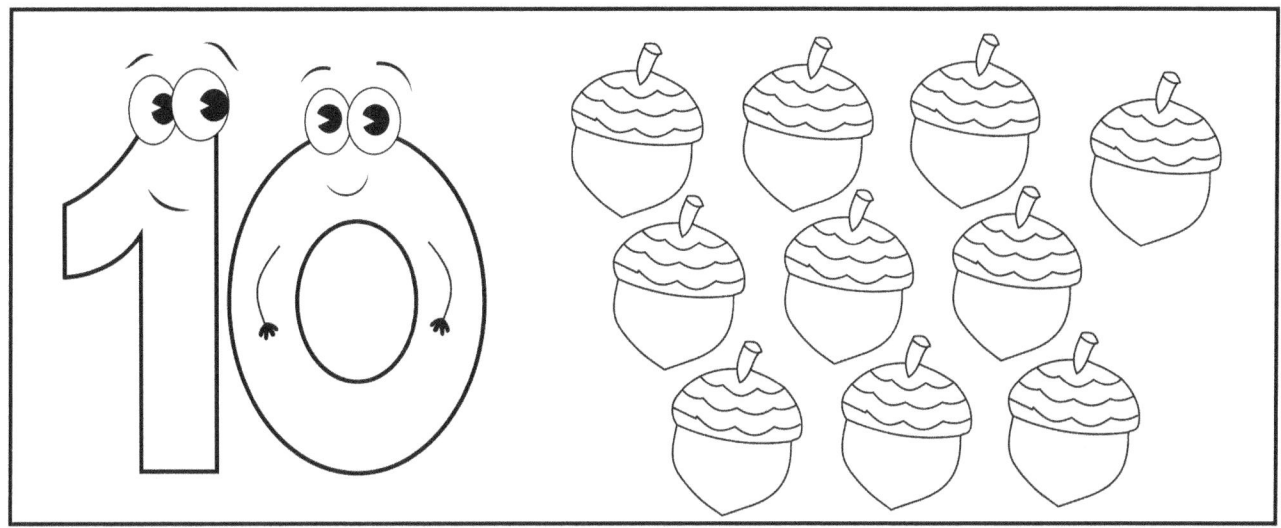

Traza el número 10.

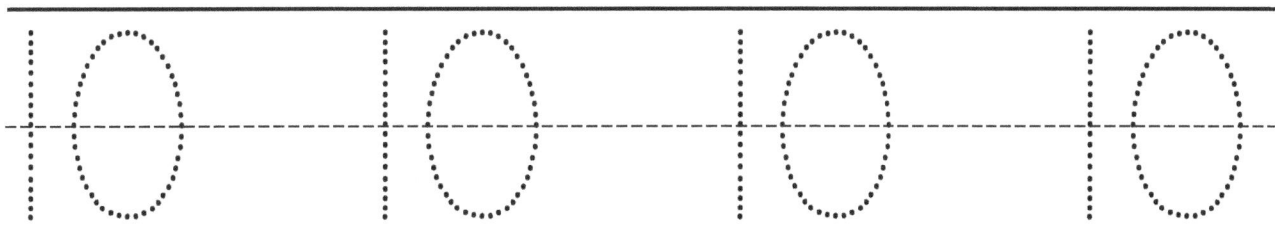

Encierra en un círculo el cuadro que muestra 10.

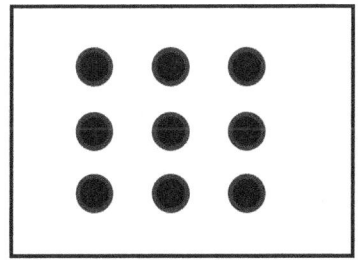 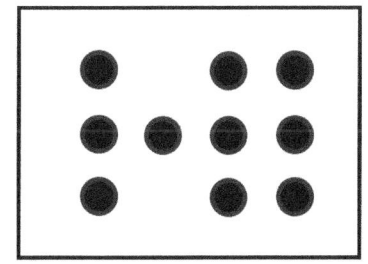 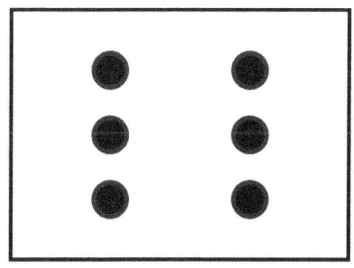

Nombre:_____

Diez

Colorea solo el número 10.

| 1 | 5 | 10 |
| 10 | 3 | 11 |

6	10	5	9	2
10	13	4	10	6
7	10	5	
10	5	13	

10

Denver International SchoolHouse

Nombre: _____

Colorea

Pinta

Busca y colorea

Nombre:_____

Diez

Repasa el trazo

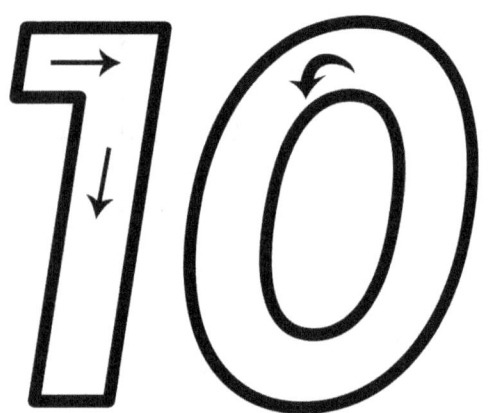

Pega etiquetas seún el número

Encierra todos los números 10

| 10 | 9 | 8 | 7 | 6 | 5 |
| 6 | 10 | 7 | 8 | 10 | 9 |

Resta uno y suma uno

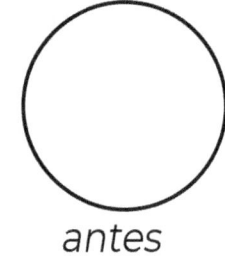  

antes después

Colorea las plumas según el número

Repasa la escritura   Diez

Nombre:_____

Diez

Traza el número. Traza la palabra numérica.

10 10 10 10

Diez Diez

Diez Diez

Ahora, practique escribiendo el número y la palabra numérica por su cuenta.

Nombre:_____

Diez

Colorea las 10 abejas.

Nombre:_____

Once

Colorea el número 11. Colorea los 11 pingüinos.

Traza el número 11.

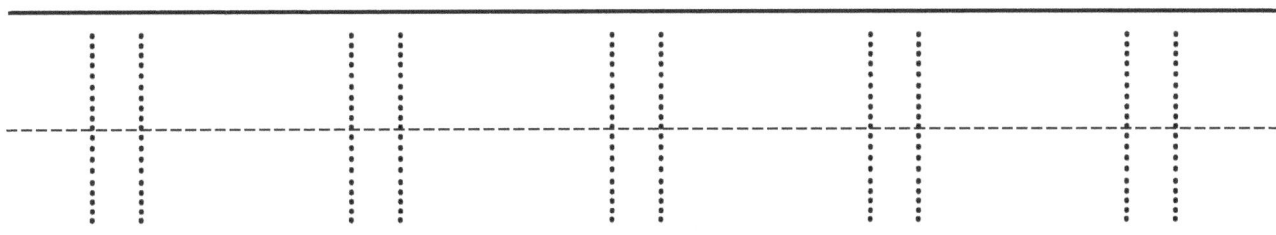

Encierra en un círculo el cuadro que muestra 11.

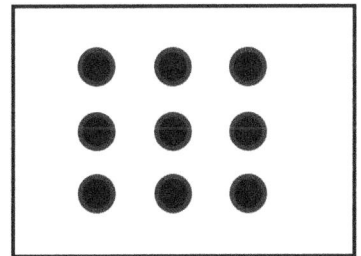 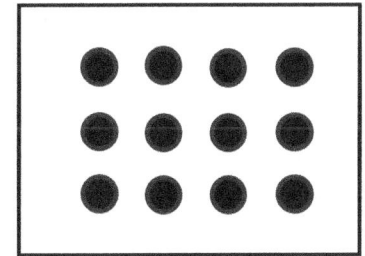 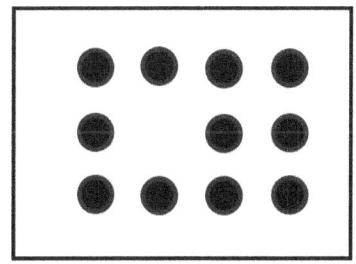

Nombre:_____

Once

Colorea solo el número 11

Nombre: ____

Nombre:_____

Once

Repasa el trazo

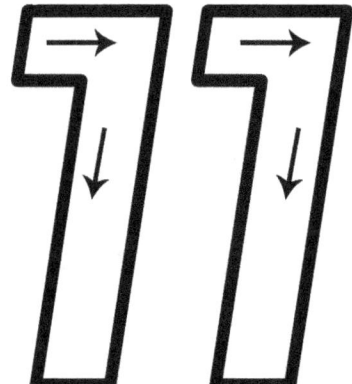

Pega etiquetas seún el número

Encierra todos los números 11

10 11 12 11 9 8
13 12 11 9 7 11

Resta uno y suma uno

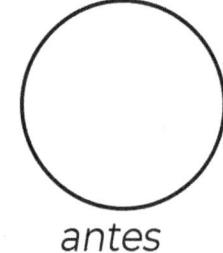  

antes   después

Colorea las plumas según el número

Repasa la escritura   Once

Nombre:_____

Once

Traza el número. Traza la palabra numérica.

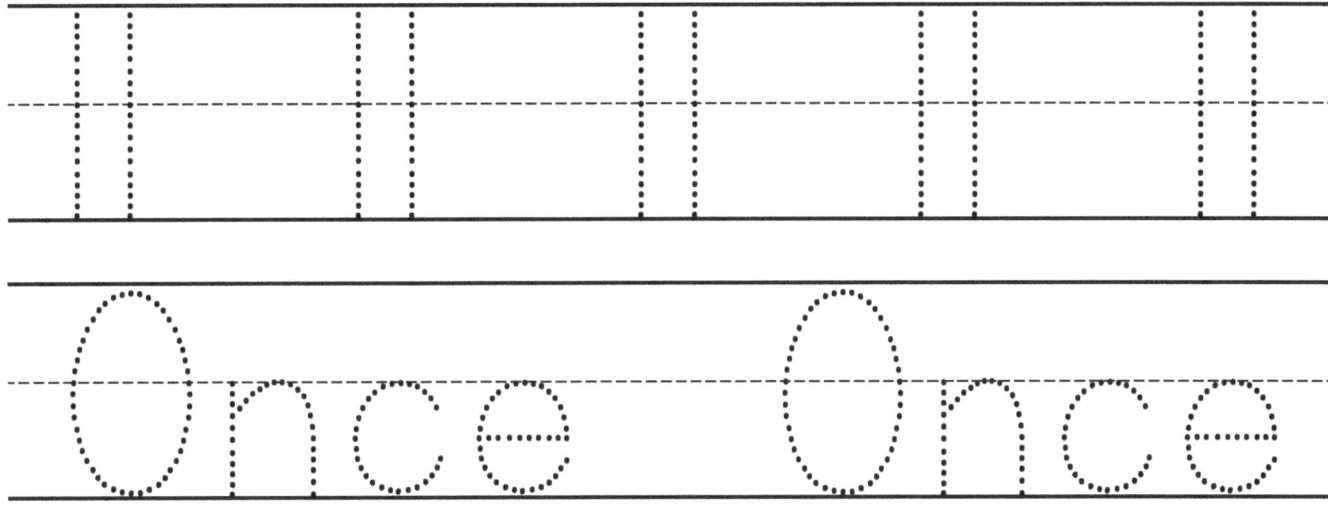

Ahora, practique escribiendo el número y la palabra numérica por su cuenta.

Nombre:_____

Once

Colorea las 11 mariposas.

Denver International SchoolHouse

Nombre:_____

Doce

Colorea el número 12. Colorea los 12 peces.

Traza el número 12.

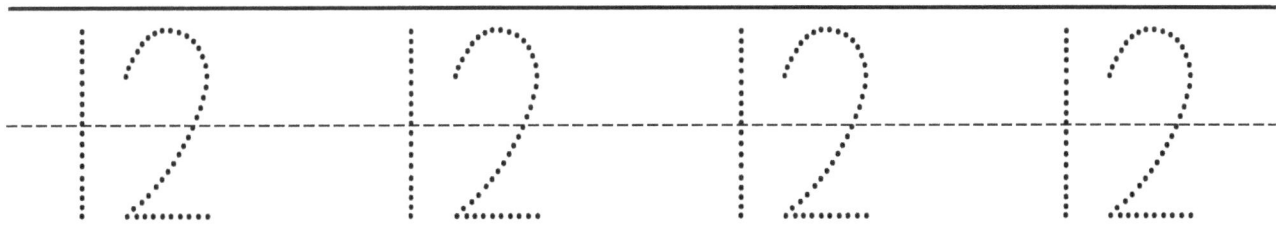

Encierra en un círculo el cuadro que muestra 12.

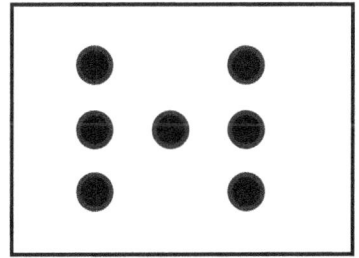 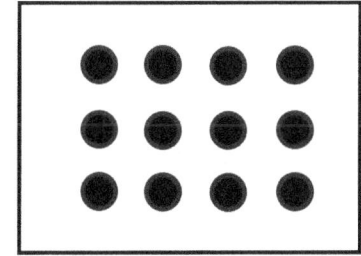 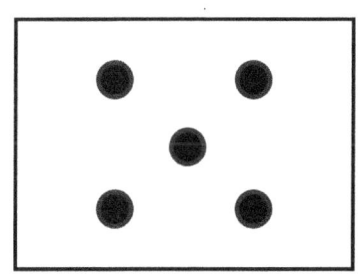

Nombre:_____

Doce

Colorea solo el número 12.

| 12 | 11 | 10 |
| 10 | 12 | 11 |

6	10	5	9	12
10	13	12	10	6
12	10	5		
10	12	13		

12

Denver International SchoolHouse

Nombre: ____

Colorea

Pinta

Busca y colorea

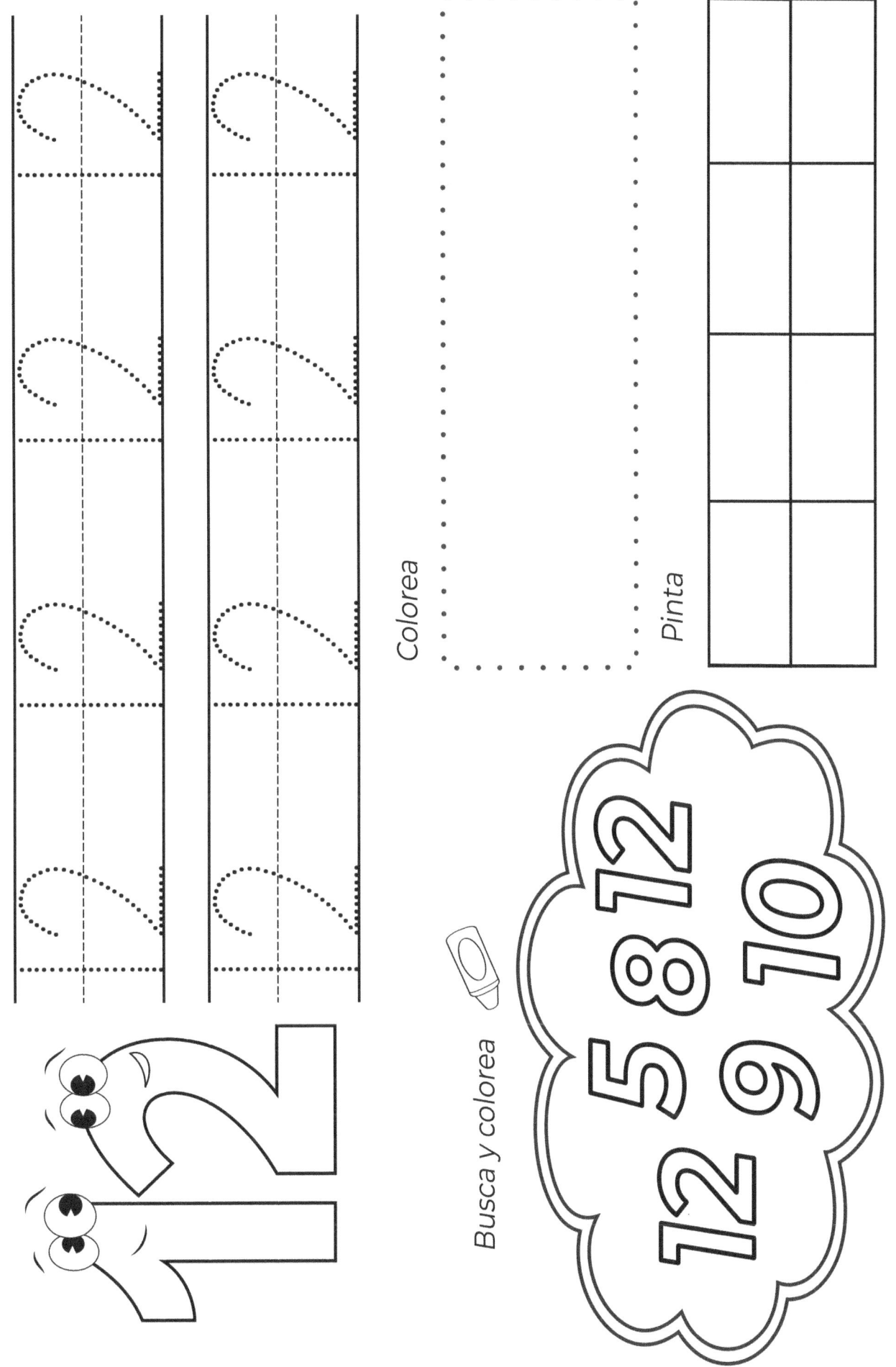

Nombre:_____

Doce

Repasa el trazo

Pega etiquetas seún el número

Encierra todos los números 12

12 10 11 9 7 6
11 14 12 13 12 2

Resta uno y suma uno

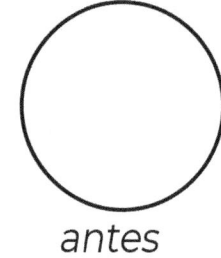  

antes   después

Colorea las plumas según el número

Repasa la escritura   Doce

Nombre:_____

Doce

Traza el número. Traza la palabra numérica.

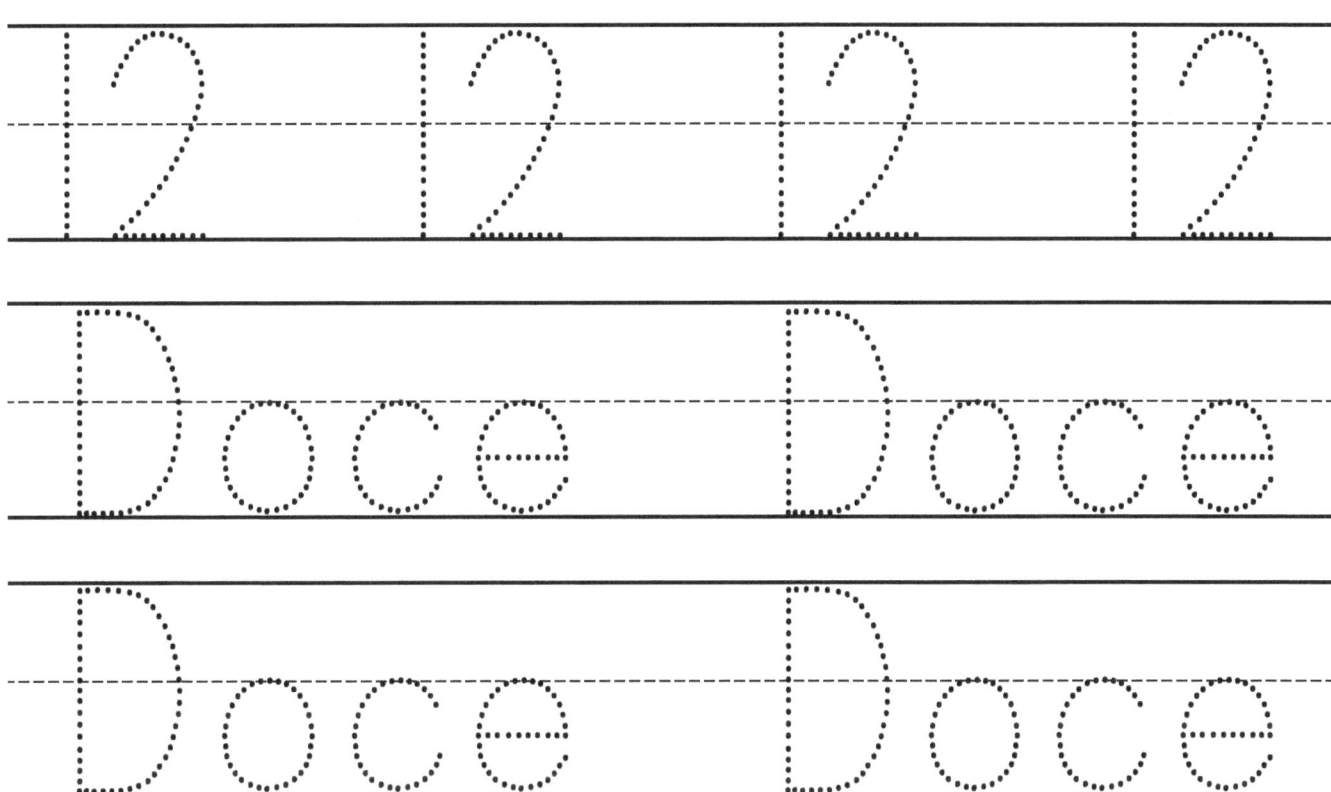

Ahora, practique escribiendo el número y la palabra numérica por su cuenta.

Nombre:_____

Doce

Colorea elos 12 patos.

Denver International SchoolHouse

Nombre:_____

Trece

Colorea el número 13. Colorea las 13 calabazas.

Traza el número 13.

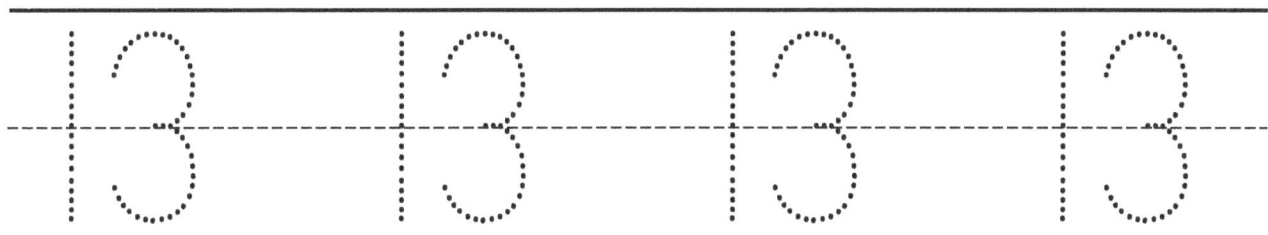

Encierra en un círculo el cuadro que muestra 13.

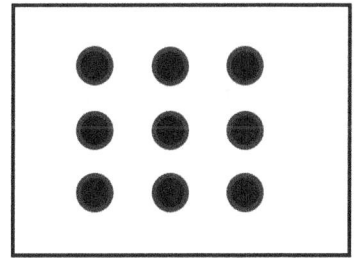 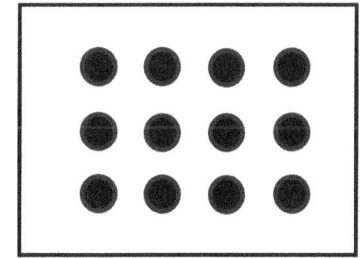 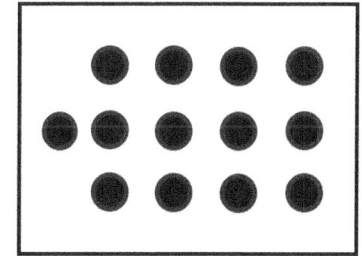

Nombre:_____

Trece

Colorea solo el número 13.

12	13	10
10	13	11
13	10	5	9	12
10	13	13	10	6
12	13	5
10	12	13

13

Nombre: _____

Colorea

Pinta

Busca y colorea

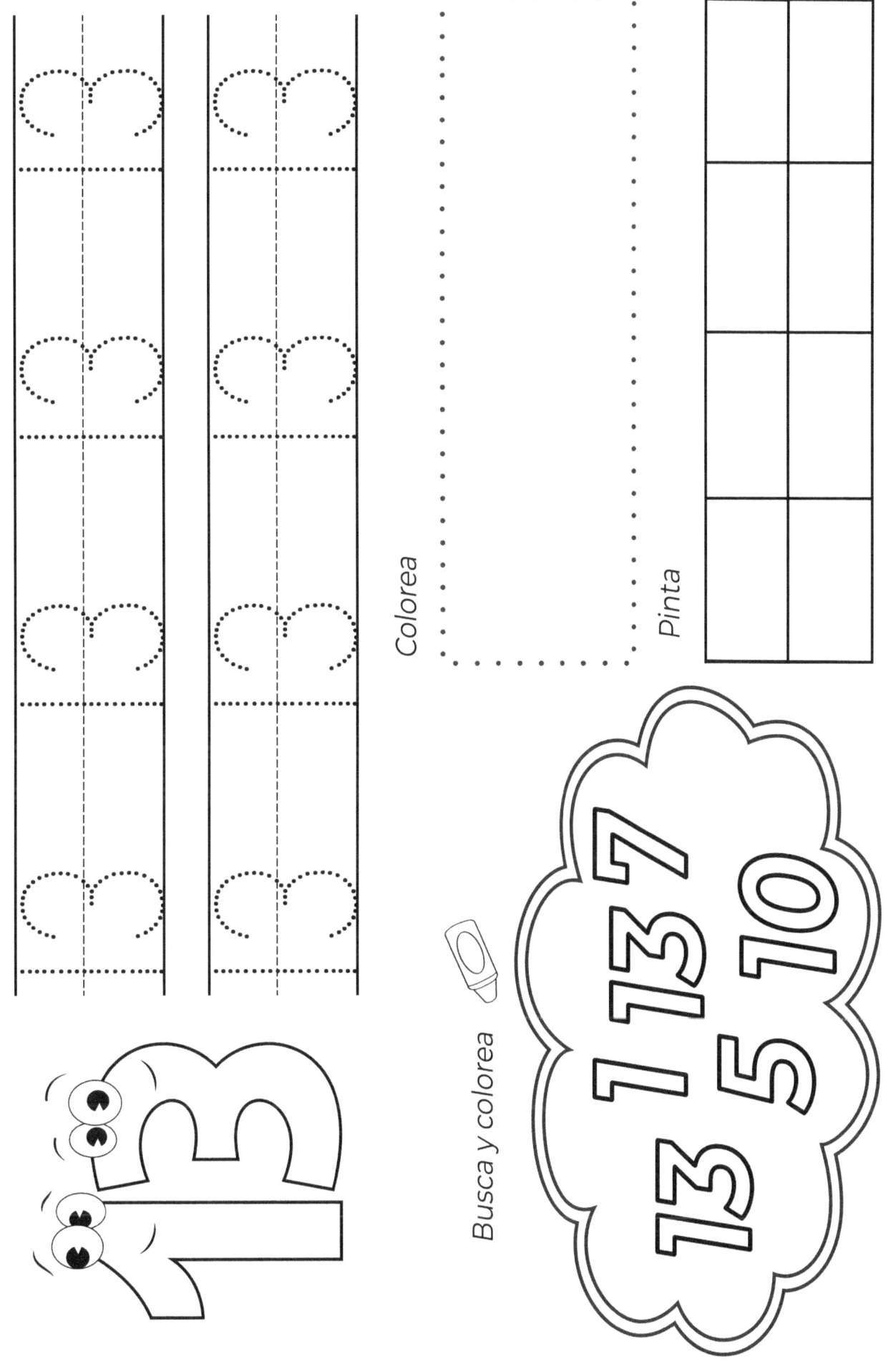

Nombre:_____

Trece

Repasa el trazo

Pega etiquetas seún el número

Encierra todos los números 13

12 13 11 10 13 6
10 14 11 13 12 2

Resta uno y suma uno

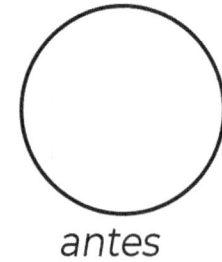  

antes   después

Colorea las plumas según el número

Repasa la escritura   Trece

Denver International SchoolHouse   76

Nombre:_____

Trece

Traza el número. Traza la palabra numérica.

13   13   13   13

Trece   Trece

Trece   Trece

Ahora, practique escribiendo el número y la palabra numérica por su cuenta.

_____

_____

_____

Nombre:_____

Trece

Colorea los 13 globos.

Catorce

Colorea el número 14. Colorea las 14 gotas.

Traza el número 14.

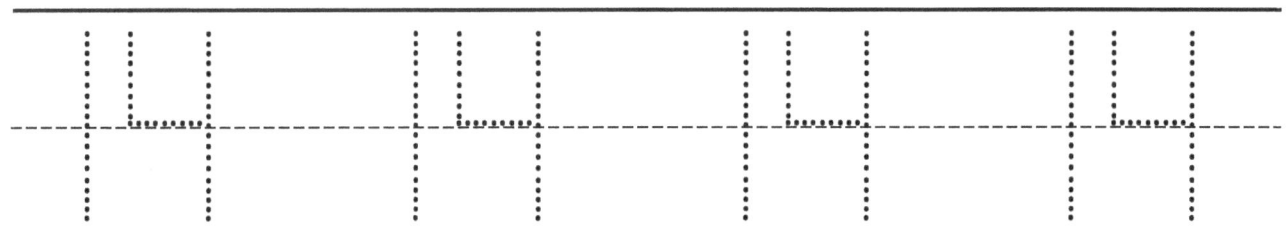

Encierra en un círculo el cuadro que muestra 14.

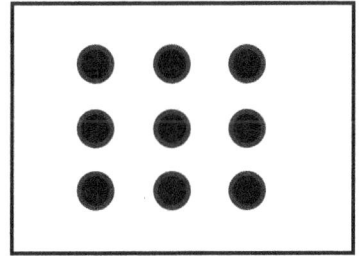 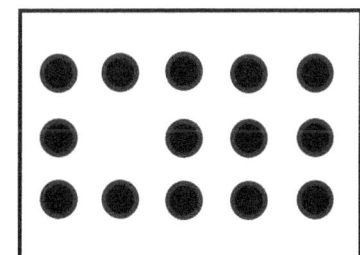 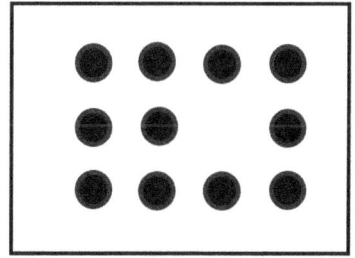

Nombre:_____

Catorce

Colorea solo el número 14

14	13	10
10	14	11

15	14	11	9	16
11	13	14	10	14

14	13	5
13	5	14

14

Denver International SchoolHouse

Nombre: _____

Colorea

Pinta

Busca y colorea

Nombre:_____

Catorce

Repasa el trazo

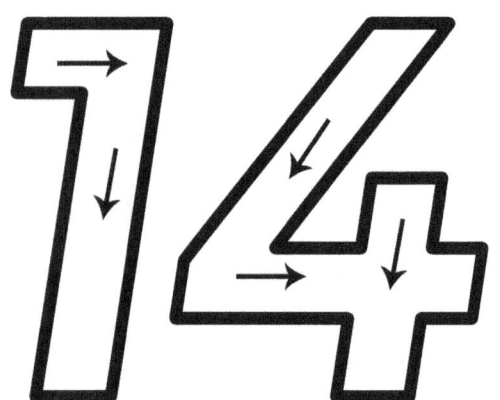

Pega etiquetas seún el número

Encierra todos los números 14

| 10 | 14 | 12 | 13 | 9 | 7 |
| 14 | 12 | 14 | 9 | 7 | 11 |

Resta uno y suma uno

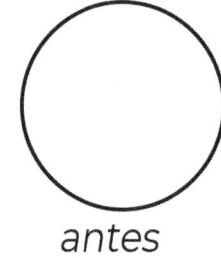  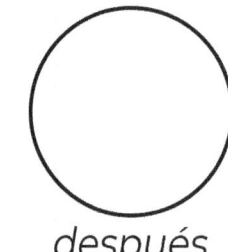

antes   después

Colorea las plumas según el número

Repasa la escritura   Catorce

Denver International SchoolHouse

Nombre:_____

Catorce

Traza el número. Traza la palabra numérica.

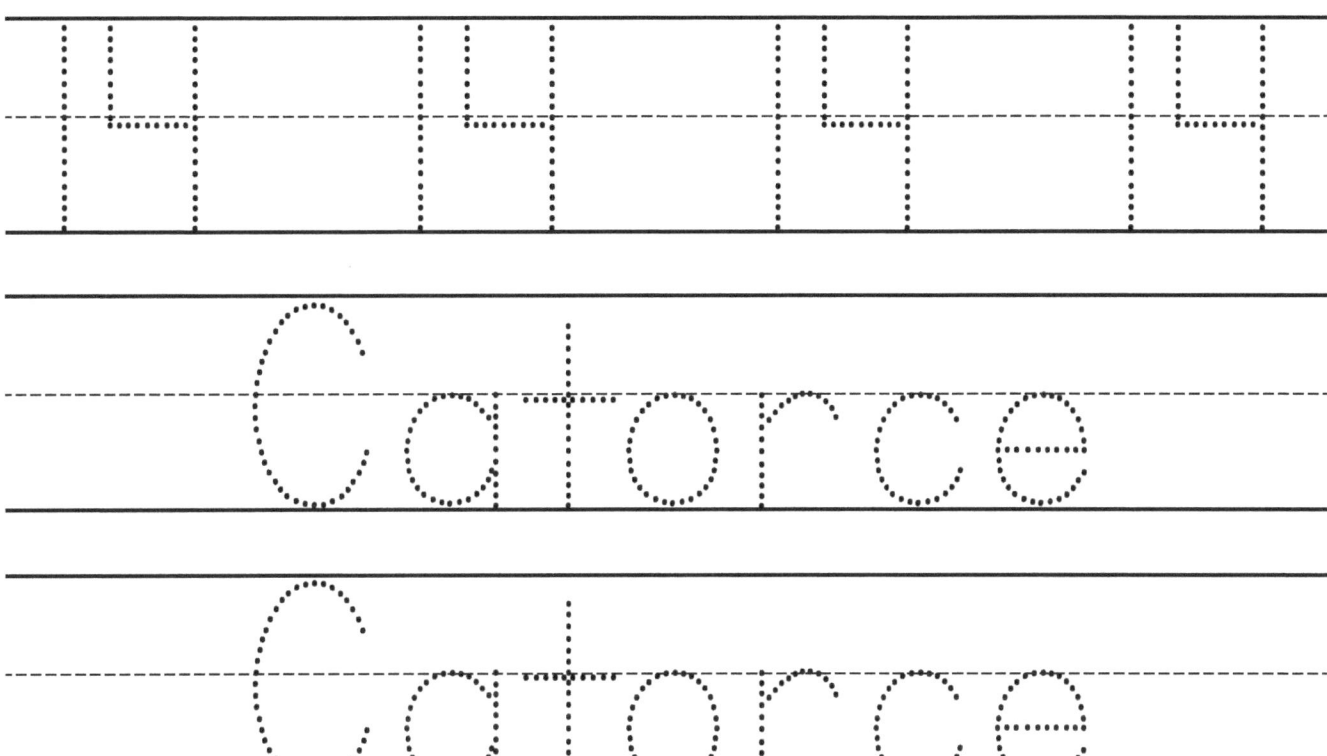

Ahora, practique escribiendo el número y la palabra numérica por su cuenta.

Nombre:_____

Catorce

Colorea las 14 flores.

Quince

Colorea el número 15. Colorea los 15 globos.

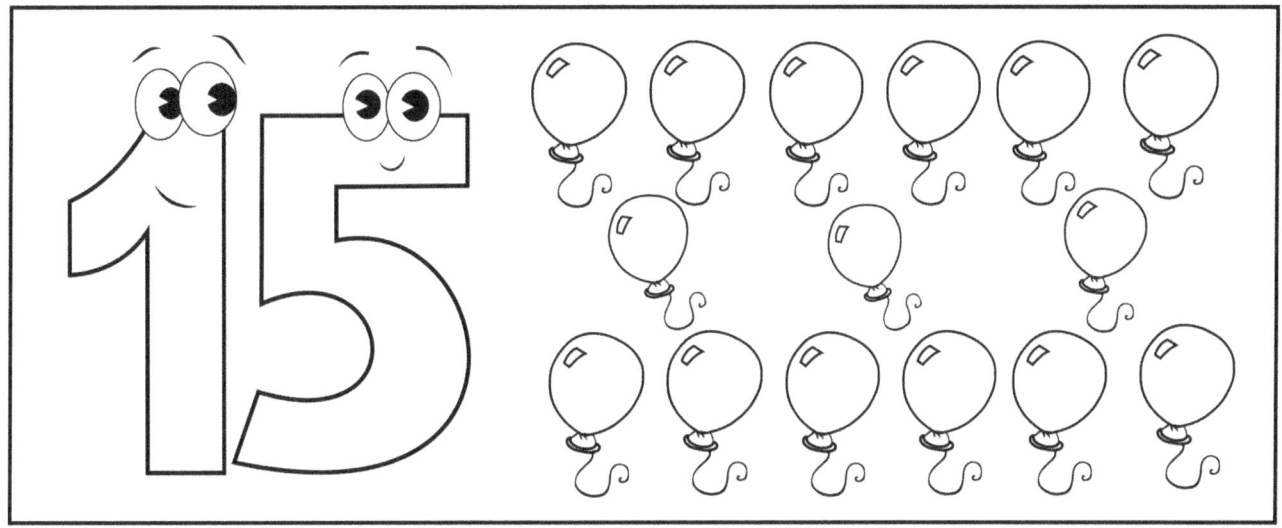

Traza el número 15.

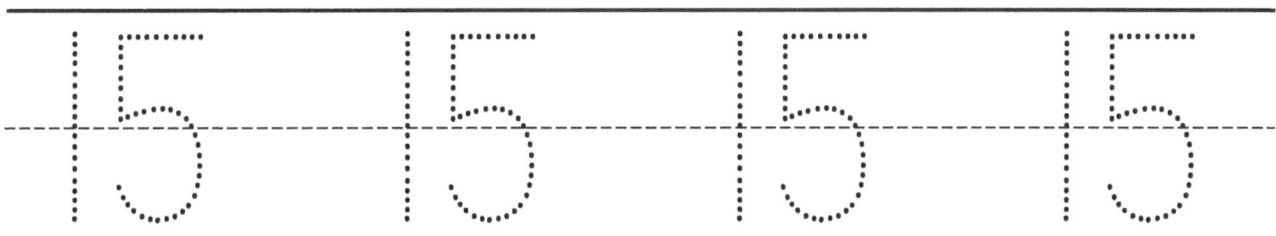

Encierra en un círculo el cuadro que muestra 15.

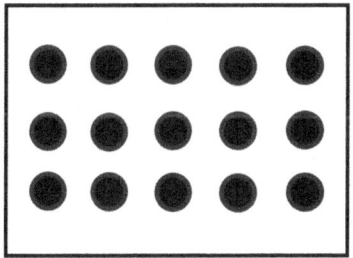 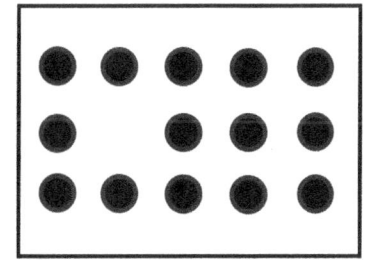 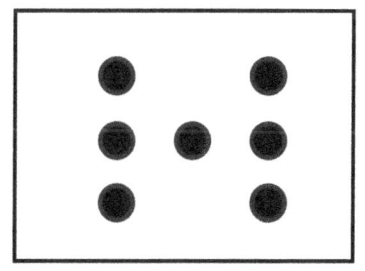

Nombre:_____

Quince

Colorea solo el número 15.

12	11	15
10	15	16
6	10	15	9	12
10	15	12	10	15
16	10	15
15	12	13

15

Denver International SchoolHouse

Nombre: _____

15 15 15 15 15
15 15 15 15 15

Colorea

Pinta

Busca y colorea

Nombre:_____

Quince

Repasa el trazo

Pega etiquetas seún el número

Encierra todos los números 15

15 16 14 10 12
13 15 14 15 16

Resta uno y suma uno

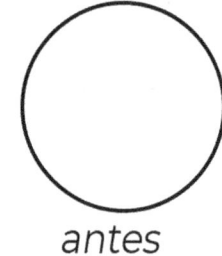  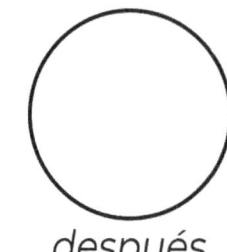

antes · después

Colorea las plumas según el número

Repasa la escritura   Quince

Nombre:_____

Quince

Traza el número. Traza la palabra numérica.

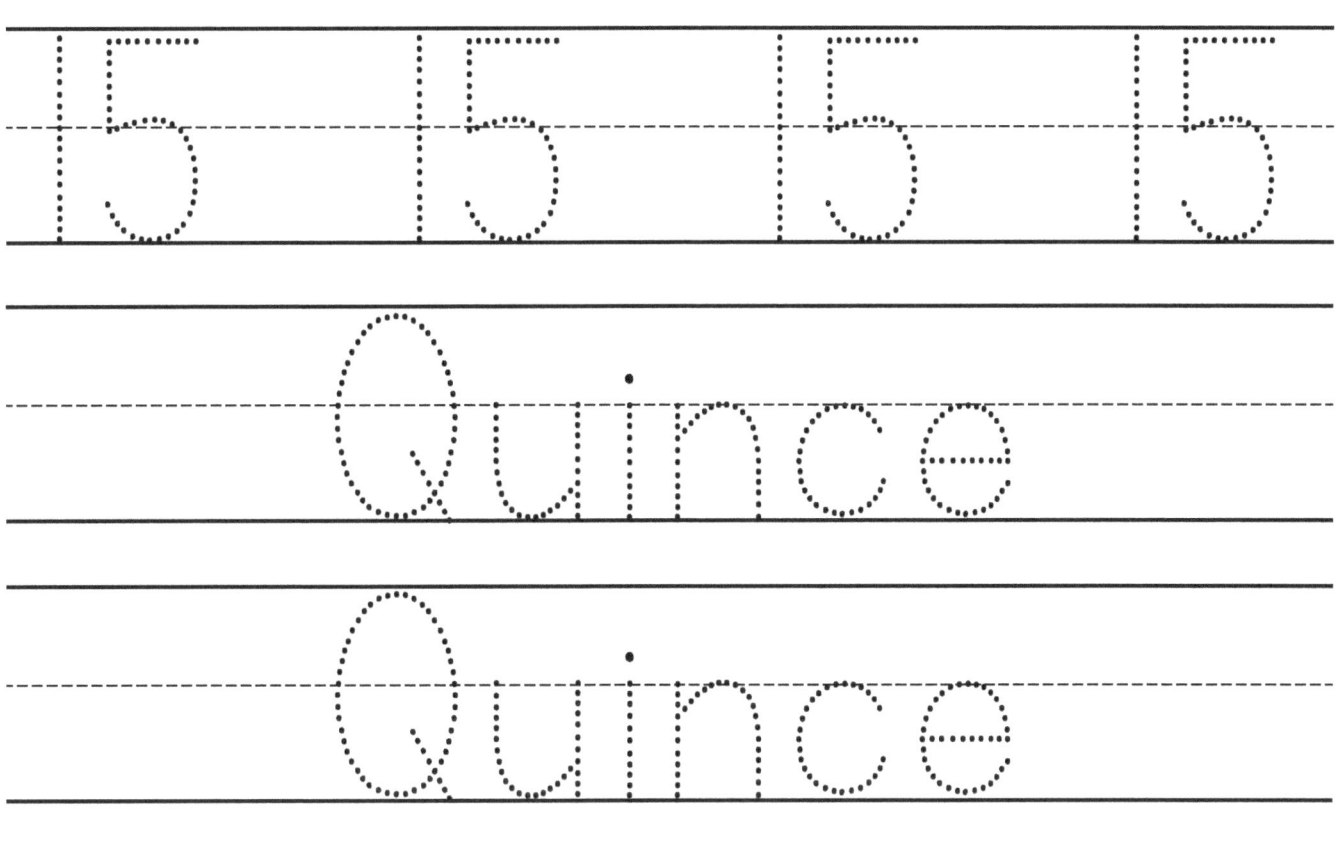

Ahora, practique escribiendo el número y la palabra numérica por su cuenta.

Nombre:_____

Quince

Colorea los 15 caramelos.

Nombre:_____

Dieciséis

Colorea el número 16. Colorea los 16 lazos.

Traza el número 16.

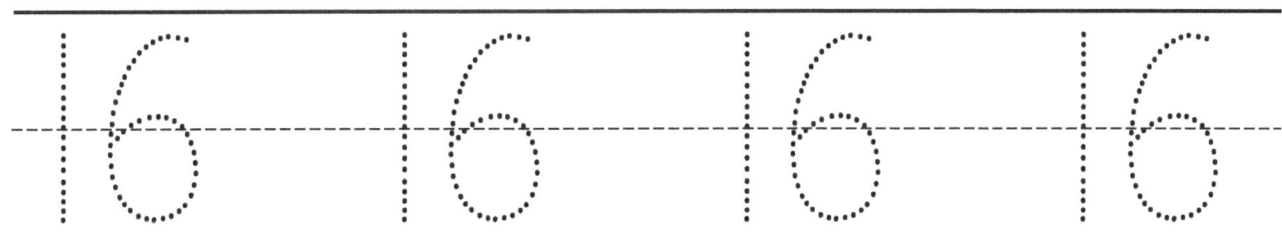

Encierra en un círculo el cuadro que muestra 16.

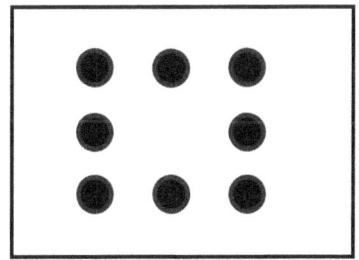 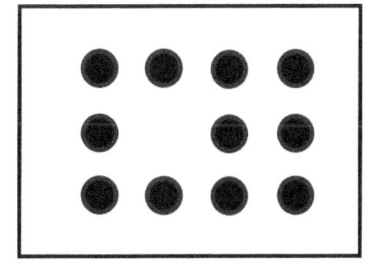 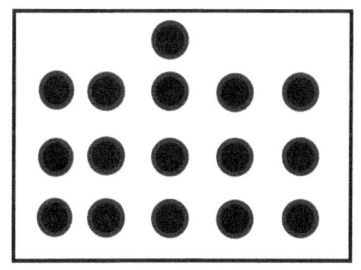

Nombre:_____

Dieciséis

Colorea solo el número 16.

16	13	15
17	13	16
16	10	16	9	12
19	16	13	10	6
12	13	16
10	16	13

16

Nombre: _____

Colorea

Pinta

Busca y colorea

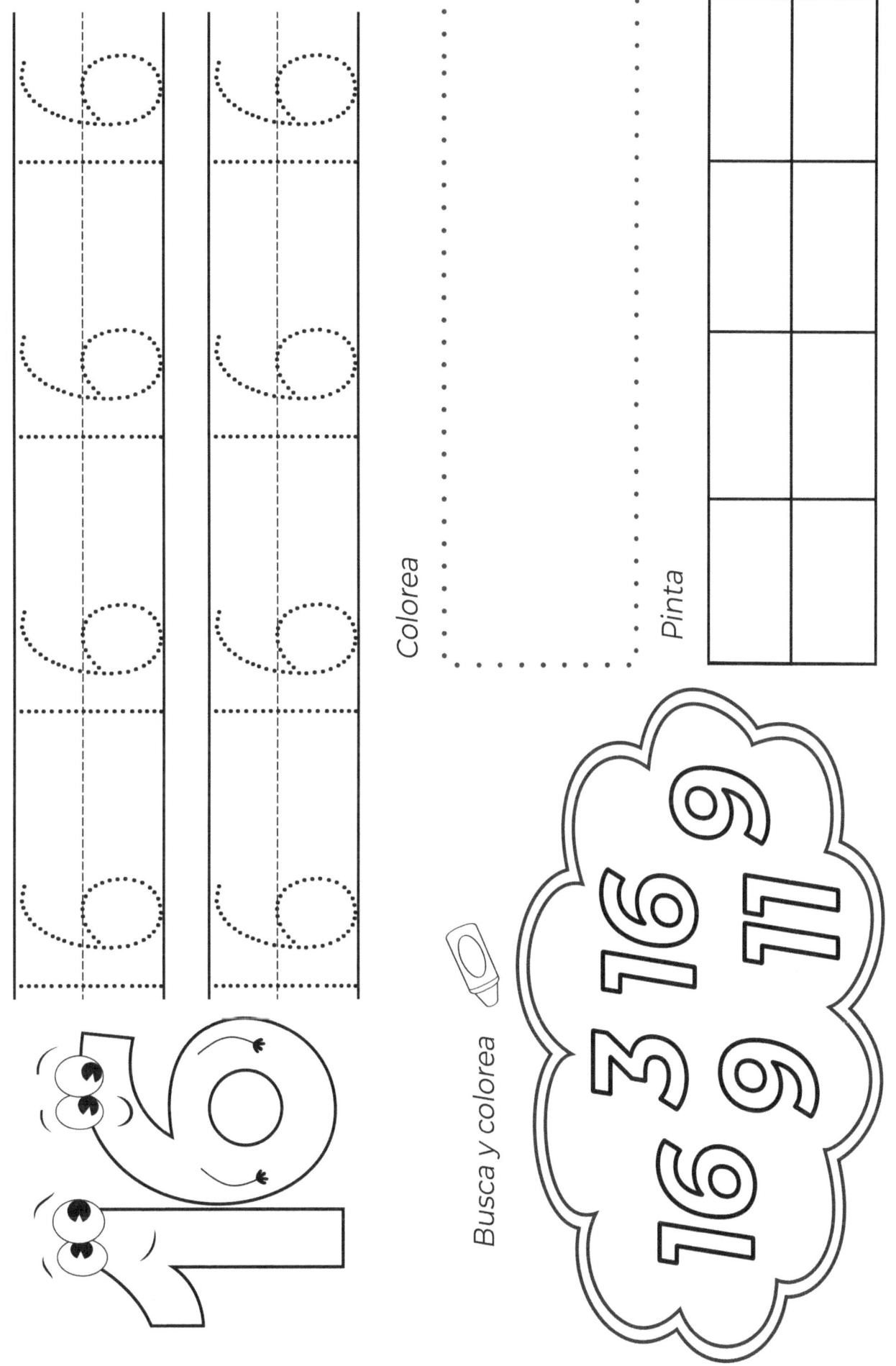

Nombre:_____

Dieciséis

Repasa el trazo

Pega etiquetas seún el número

Encierra todos los números 16

15 14 16 12 16
16 14 15 13 12

Resta uno y suma uno

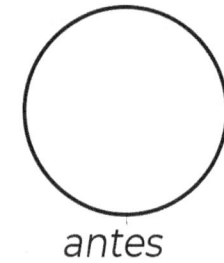  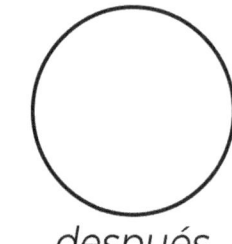

antes   después

Colorea las plumas según el número

Repasa la escritura   Dieciséis

Nombre:_____

Dieciséis

Traza el número. Traza la palabra numérica.

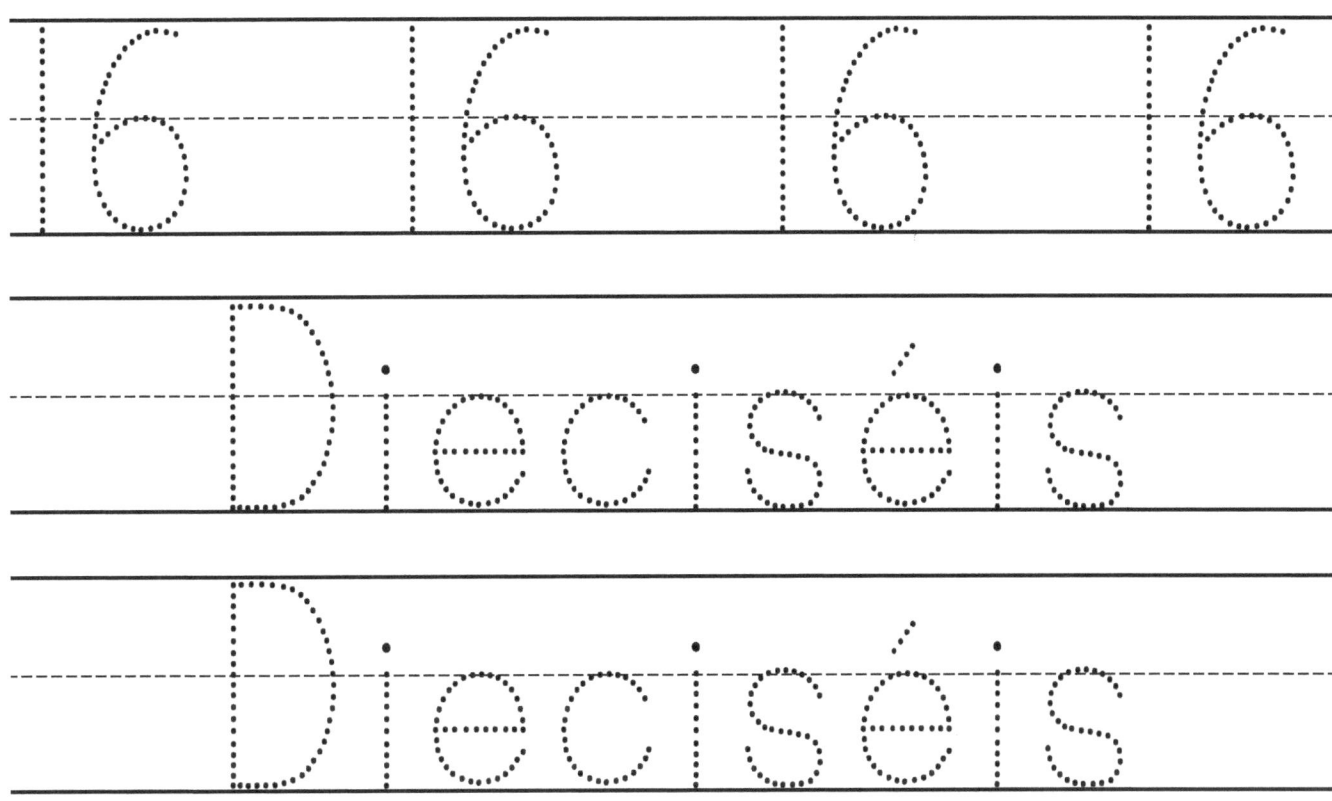

Ahora, practique escribiendo el número y la palabra numérica por su cuenta.

Nombre:_____

Dieciséis

Colorea los 16 regalos.

Diecisiete

Colorea el número 17. Colorea las 17 paletas.

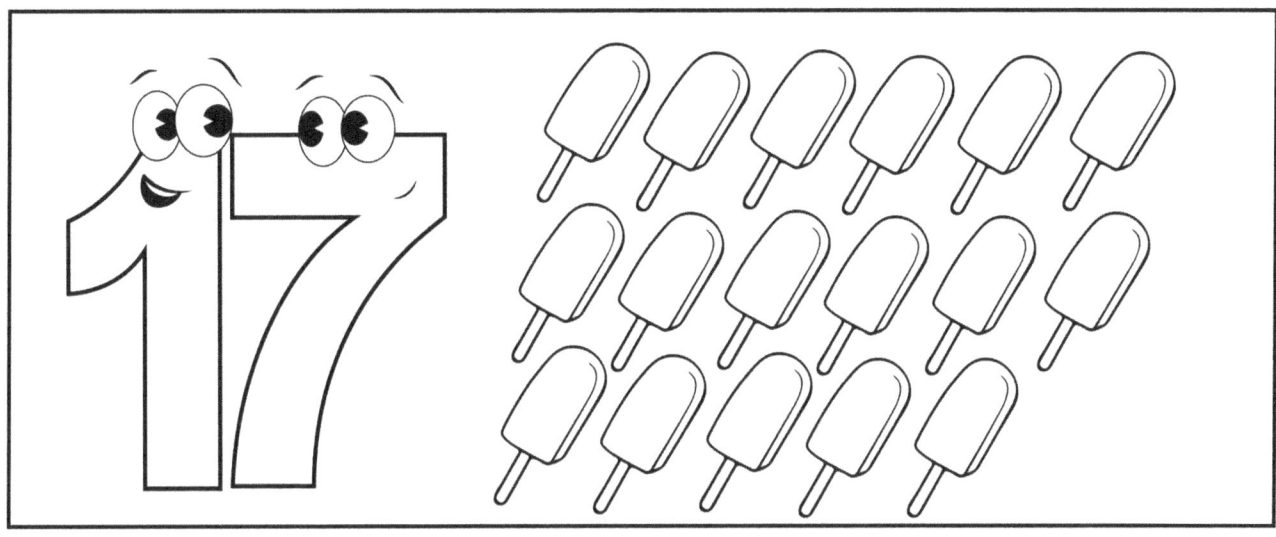

Traza el número 17.

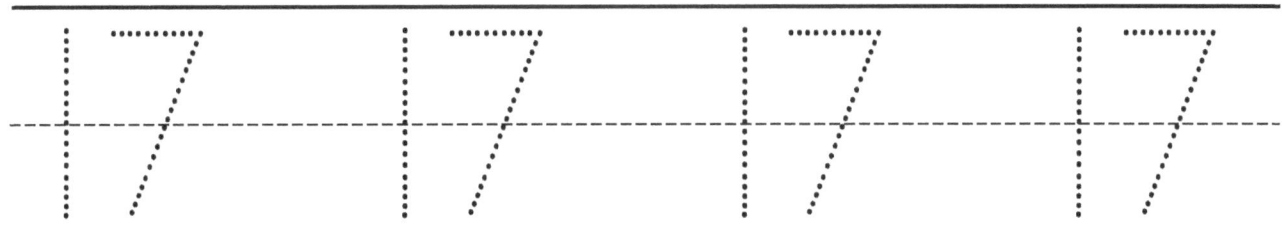

Encierra en un círculo el cuadro que muestra 17.

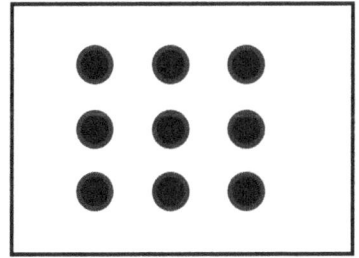 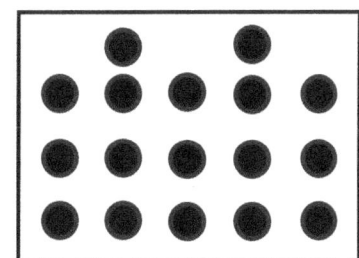 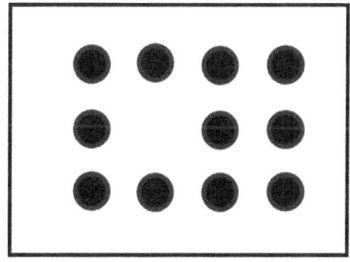

Nombre:_____

Diecisiete

Colorea solo el número 17

| 11 | 17 | 10 |
| 17 | 9 | 11 |

6	10	11	17	8
11	17	11	10	17
7	11	17	
17	5	11	**17**

Nombre: _____

Colorea

Pinta

Busca y colorea

Nombre:_____

Diecisiete

Repasa el trazo

Pega etiquetas seún el número

Encierra todos los números 17

Resta uno y suma uno

17 16 15 14 13
14 17 15 17 16

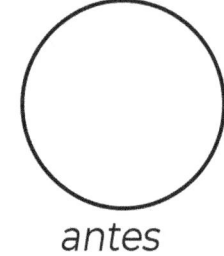

antes   después

Colorea las plumas según el número

Repasa la escritura   Diecisiete

Denver International SchoolHouse

Nombre:_____

Diecisiete

Traza el número. Traza la palabra numérica.

17   17   17   17

Diecisiete

Diecisiete

Ahora, practique escribiendo el número y la palabra numérica por su cuenta.

Nombre:_____

Diecisiete

Colorea las 17 estrellas.

Nombre:_____

Dieciocho

Colorea el número 18. Colorea los 18 helados.

Traza el número 18.

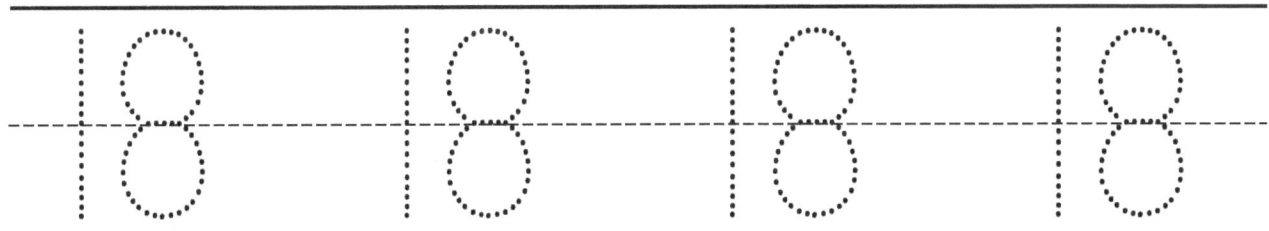

Encierra en un círculo el cuadro que muestra 18.

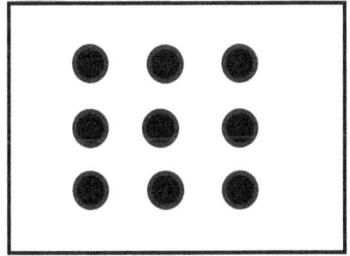 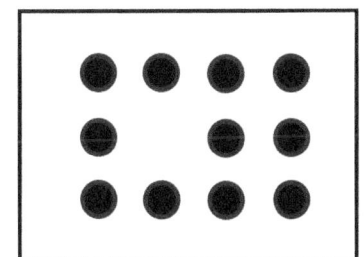 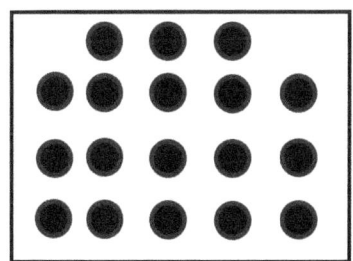

Nombre:_____

Dieciocho

Colorea solo el número 18.

18	13	15
17	18	16
16	18	16	9	18
19	16	13	18	6
12	18	16
18	16	13

18

Nombre:

Colorea

Pinta

Busca y colorea

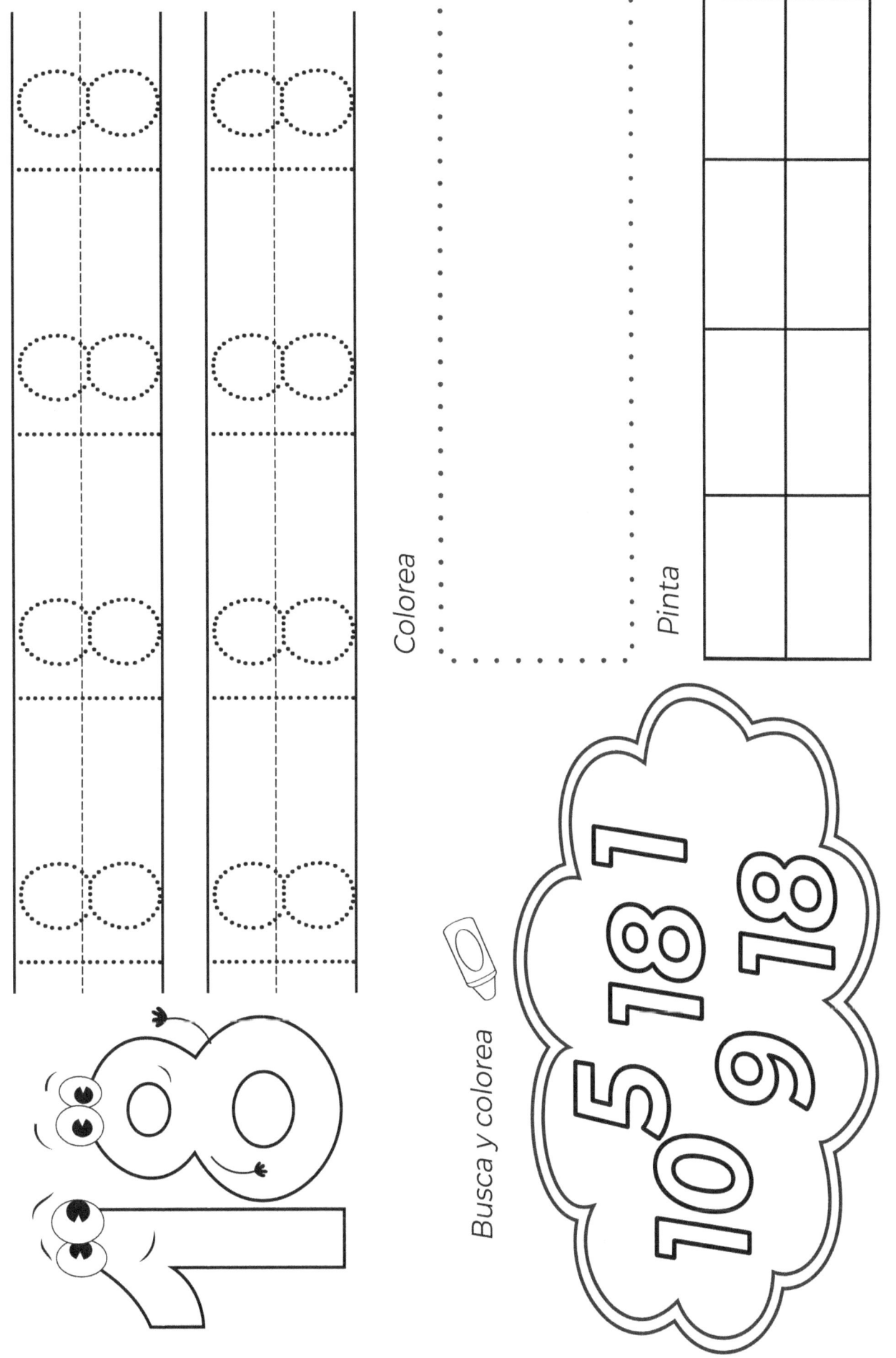

Nombre:_____

Dieciocho

Repasa el trazo

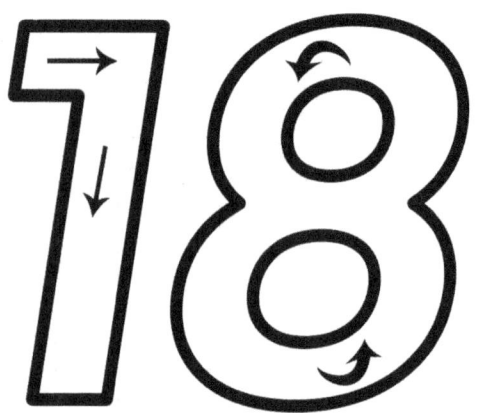

Pega etiquetas seún el número

Encierra todos los números 18

18 15 14 13 12
16 18 15 18 12

Resta uno y suma uno

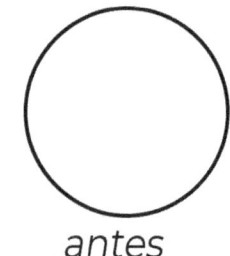  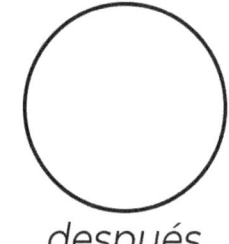

antes　　　　　　después

Colorea las plumas según el número

Repasa la escritura　Dieciocho

Nombre:_____

Dieciocho

Traza el número. Traza la palabra numérica.

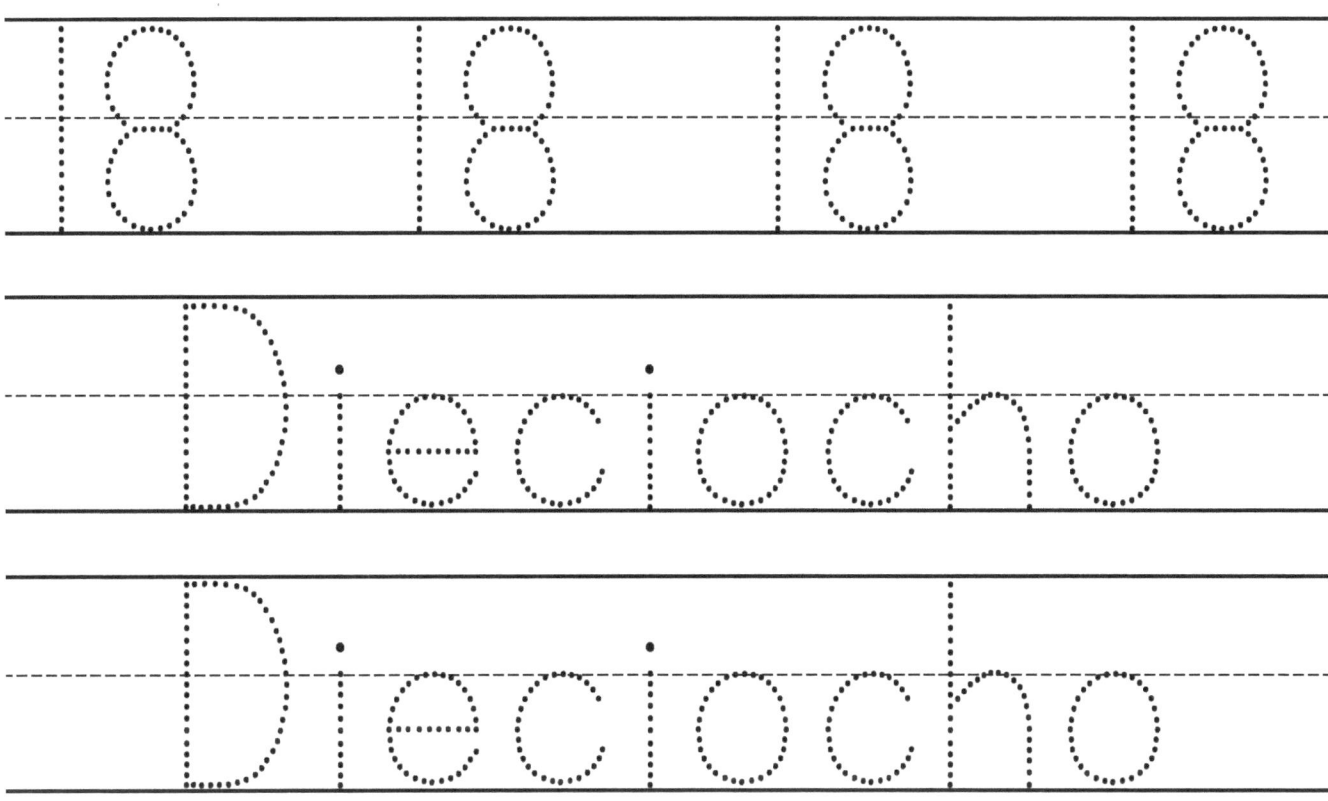

Ahora, practique escribiendo el número y la palabra numérica por su cuenta.

Nombre:_____

Dieciocho

Colorea los 18 soldados.

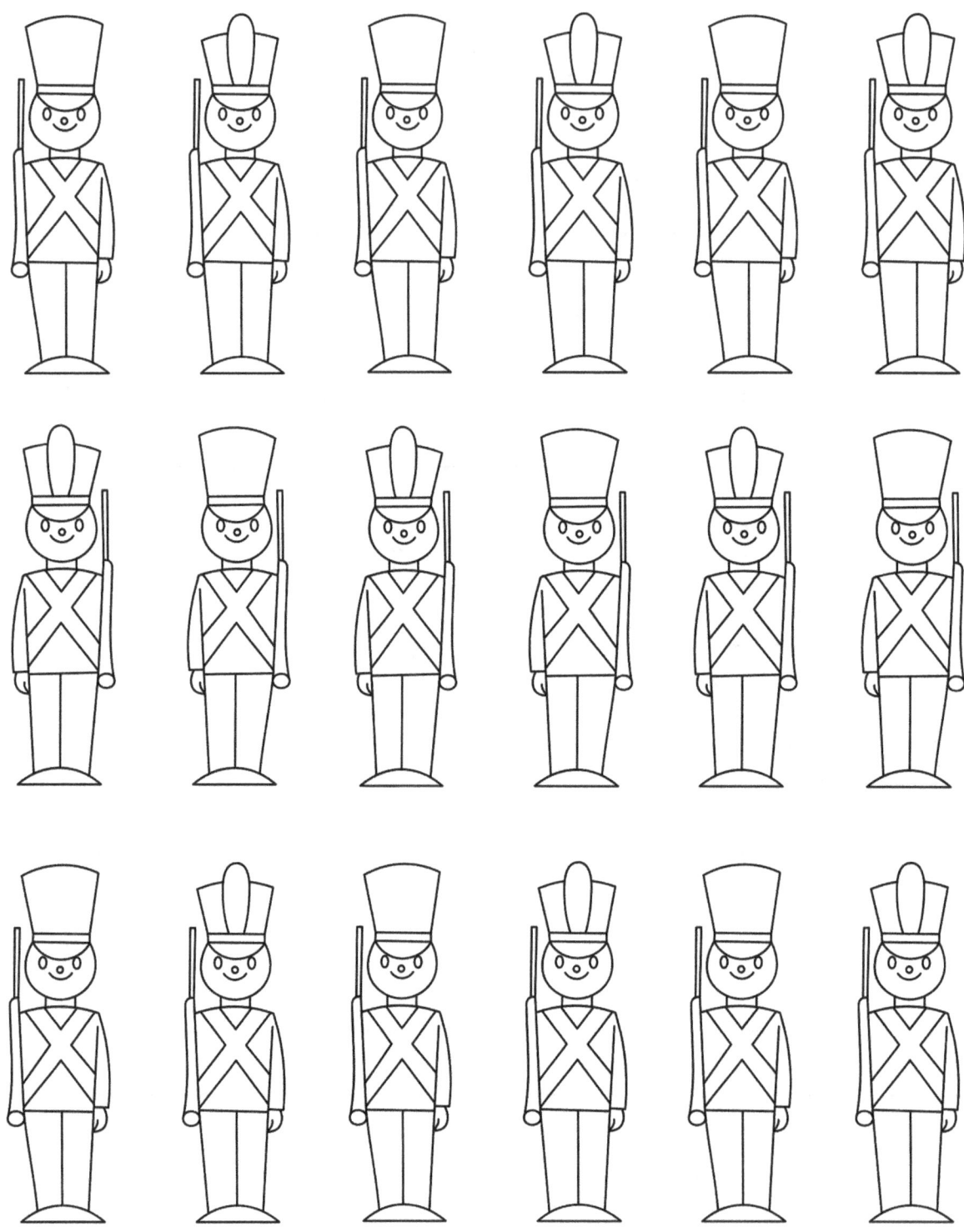

Nombre:_____

Diecinueve

Colorea el número 19. Colorea los 19 sombreros.

Traza el número 19.

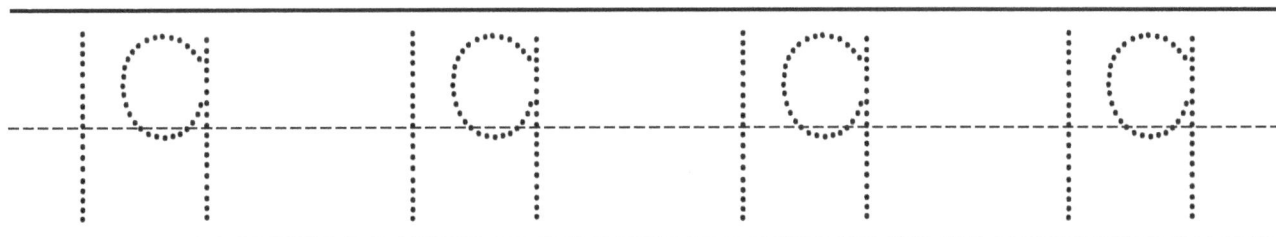

Encierra en un círculo el cuadro que muestra 19.

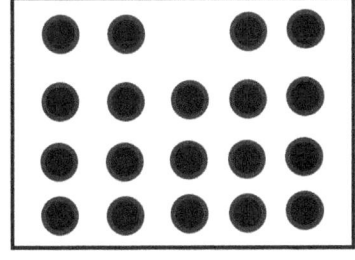 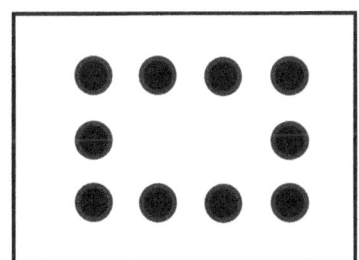 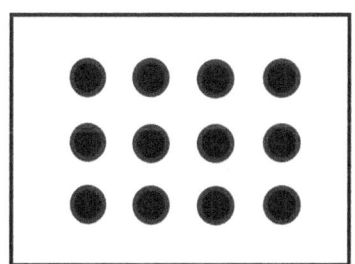

Nombre:_____

Diecinueve

Colorea solo el número 19.

18	19	15
15	19	16

13	14	19	19	18
19	16	13	9	6
12	18	19		
19	16	13		

19

Denver International SchoolHouse

Nombre: _____

Colorea

Pinta

Busca y colorea

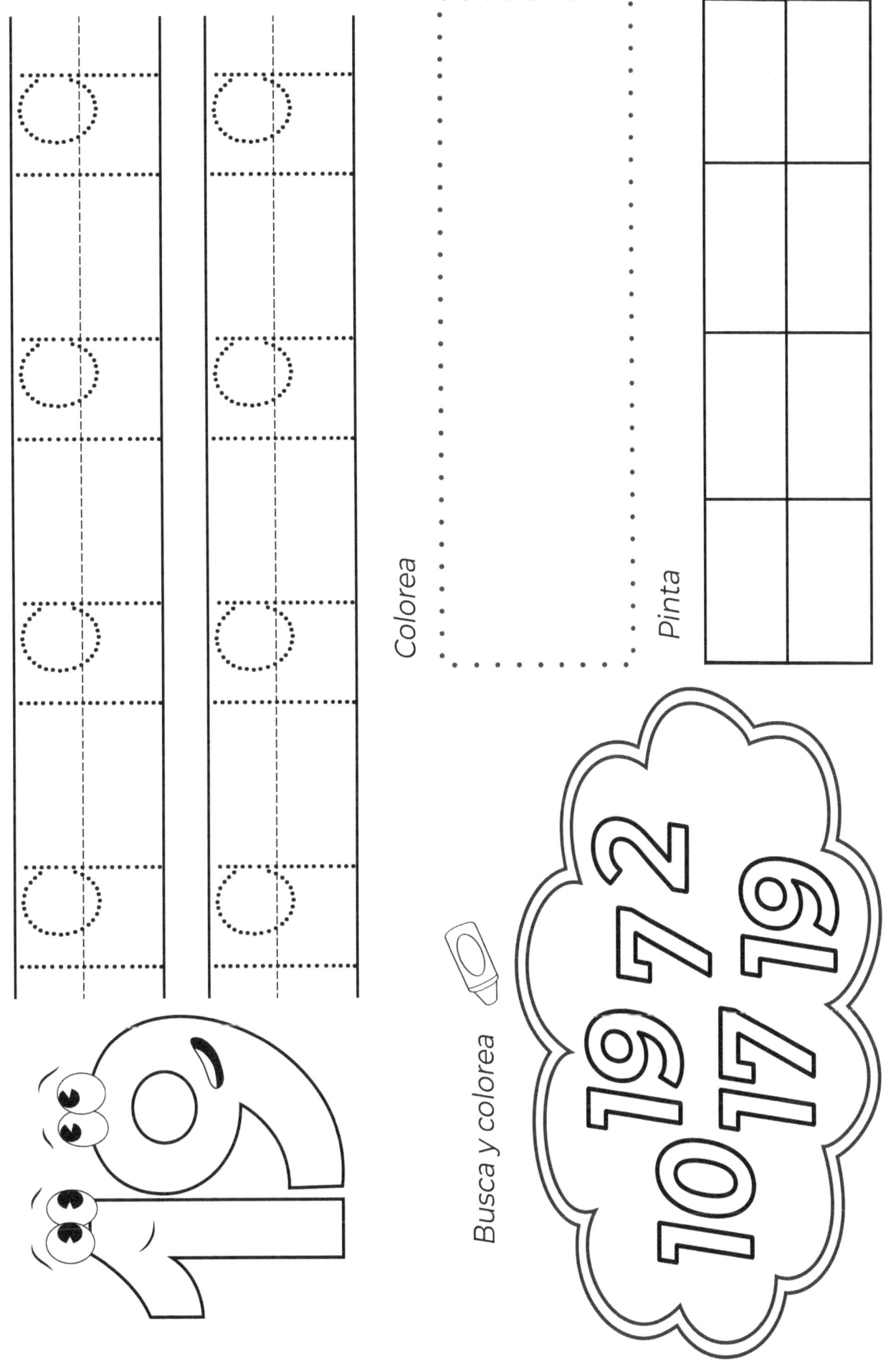

Nombre:_____

Diecinueve

Repasa el trazo

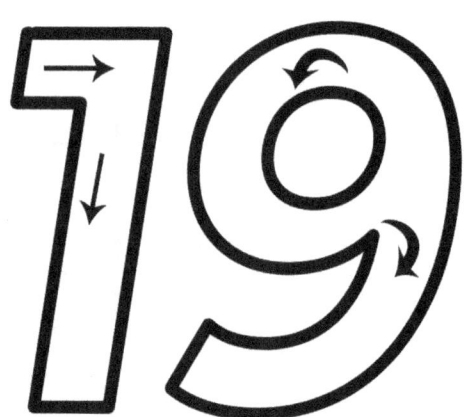

Pega etiquetas seún el número

Encierra todos los números 19

18 19 17 16 19
19 18 17 16 15

Resta uno y suma uno

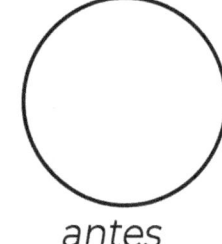  

antes   19   después

Colorea las plumas según el número

Repasa la escritura   Diecinueve

Nombre:_____

Diecinueve

Traza el número. Traza la palabra numérica.

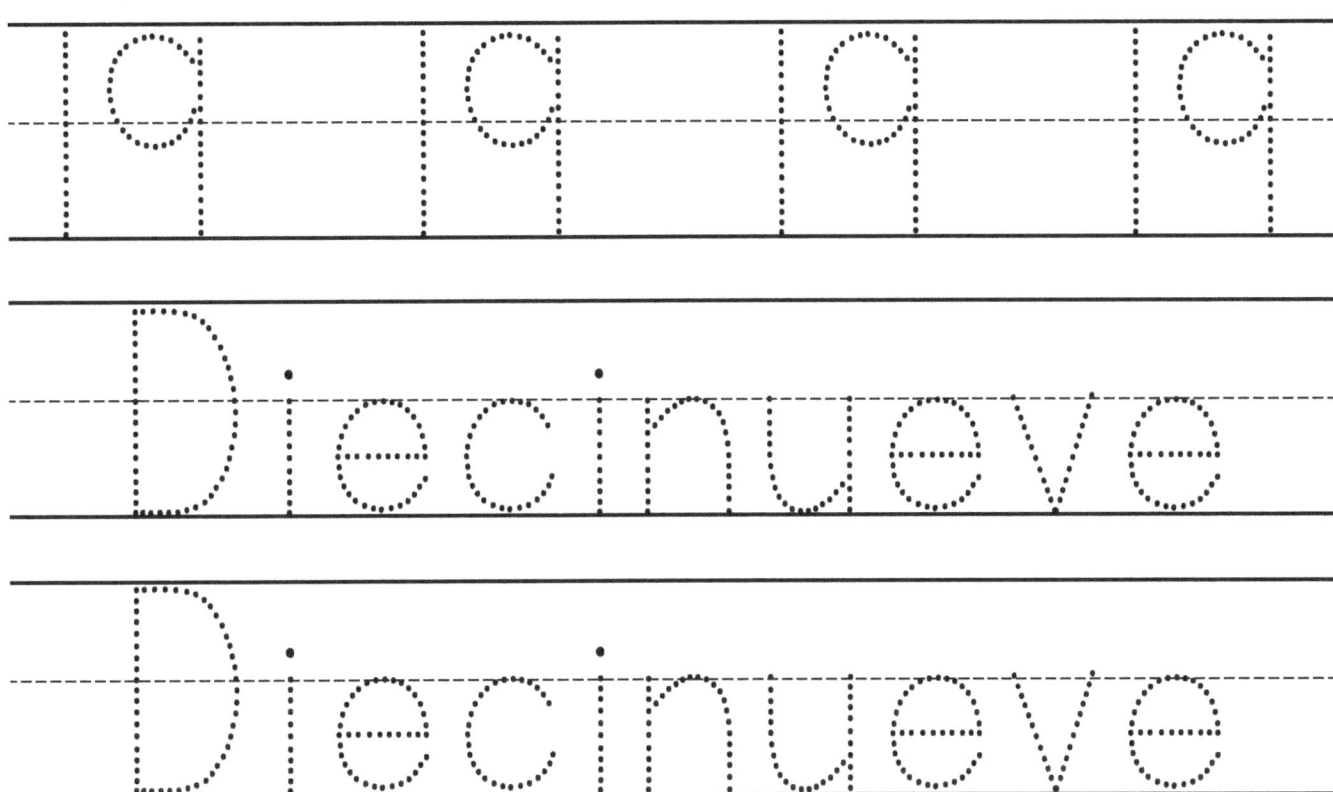

Ahora, practique escribiendo el número y la palabra numérica por su cuenta.

Nombre:_____

Diecinueve

Colorea las 19 bolas del arbolito de navidad.

Veinte

Colorea el número 20. Colorea los 20 abejas.

Traza el número 20.

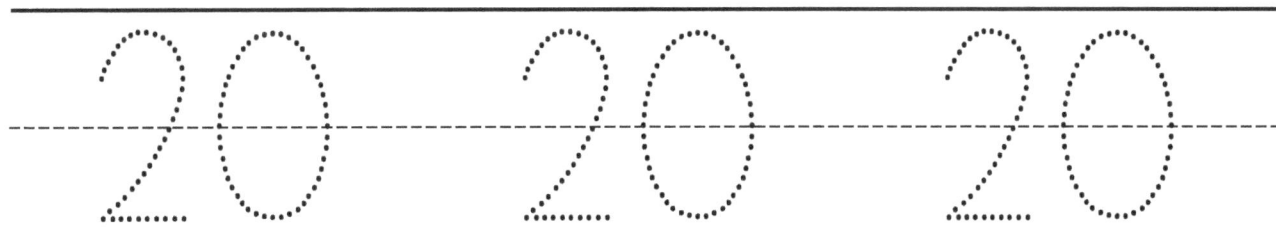

Encierra en un círculo el cuadro que muestra 20.

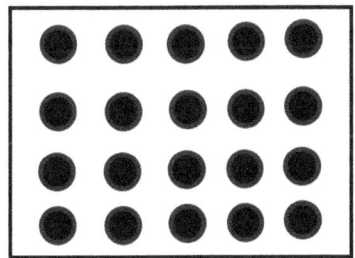 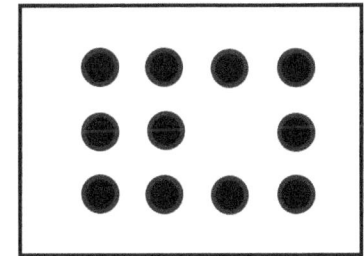 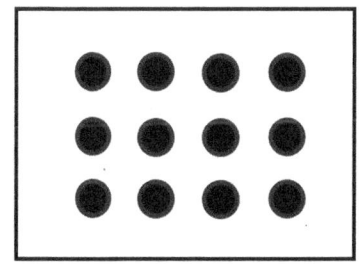

Nombre:_____

Veinte

Colorea solo el número 20.

| 18 | 19 | 20 |
| 20 | 19 | 16 |

13	14	19	20	18
19	20	13	9	20
20	18	19		
19	20	13		

20

Nombre: _____

Colorea

Pinta

Busca y colorea

Nombre:_____

Veinte

Repasa el trazo

Pega etiquetas seún el número

Encierra todos los números 20

18 20 17 20 19
19 18 17 20 15

Resta uno y suma uno

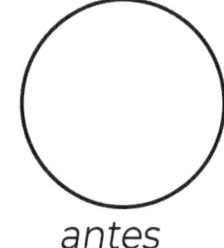  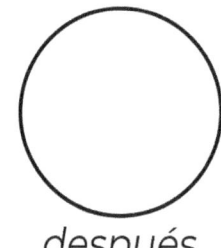

antes　　　　　　después

Colorea las plumas según el número

Repasa la escritura   Veinte

Nombre:_____

Veinte

Traza el número. Traza la palabra numérica.

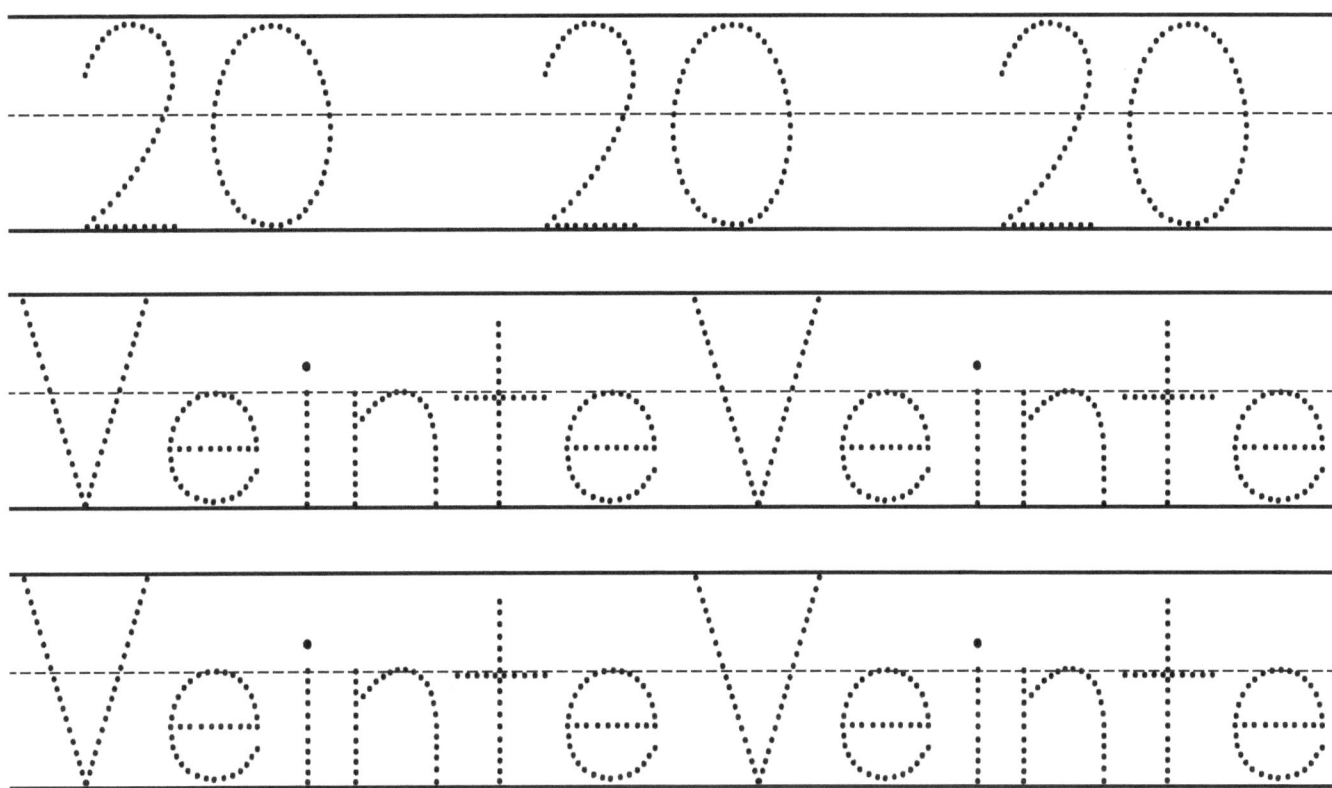

Ahora, practique escribiendo el número y la palabra numérica por su cuenta.

Nombre:_____

Veinte

Colorea las 20 velas.

Números 1-10

1	2	3	4	5	6	7	8	9	10
1	2	3	4	5	6	7	8	9	10
1	2	3	4	5	6	7	8	9	10
1	2	3	4	5	6	7	8	9	10
1		3	4	5	6	7	8	9	10
1	2	3	4	5	6	7	8	9	10
1	2	3	4	5	6	7	8	9	10
1		3	4		6		8	9	10

Nombre:______________________

Revisión de números

Cuenta y colorea. Encierra en un círculo cuántos.

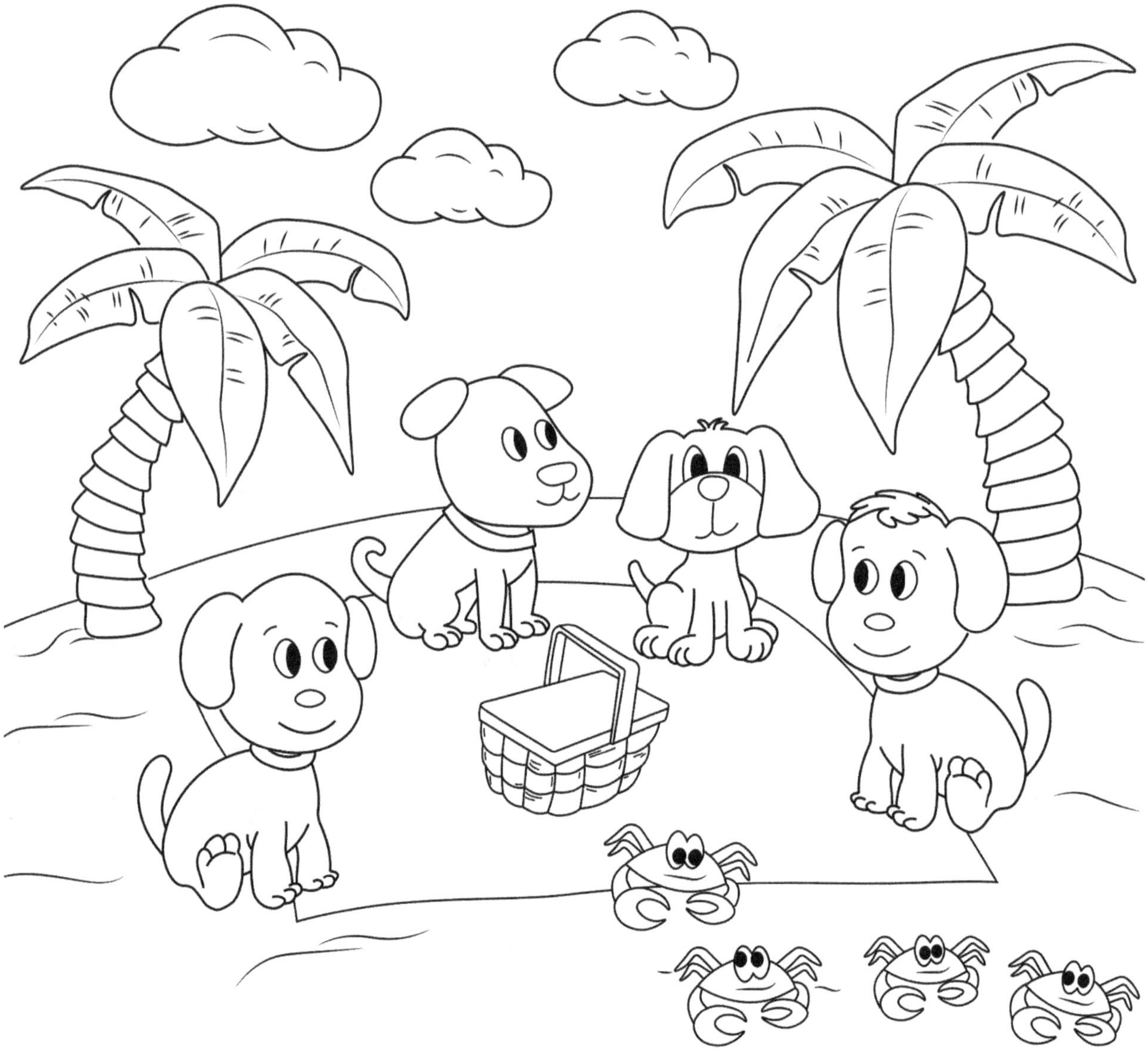

	1 2		3 4		2 3
	3 4		4 5		

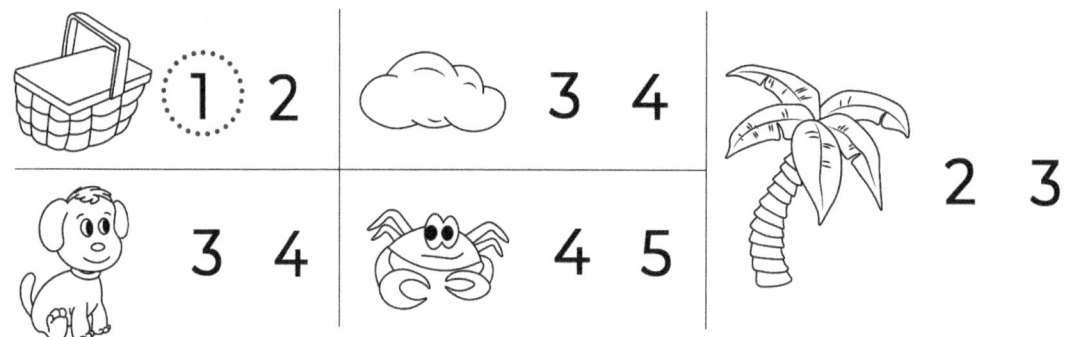

Números 11-20

11	12	13	14	15	16	17	18	19	20
11	12	13	14	15	16	17	18	19	20
11	12	13	14	15	16	17	18	19	20
11	12	13	14	15	16	17	18	19	20
11	12	13	14	15	16	17	18	19	20
11	12	13	14	15	16	17	18	19	20
11	12	13	14	15	16	17	18	19	20
11	12	13	14	15	16	17	18	19	20

Revisión de números

Encierra en un círculo el grupo con más.

 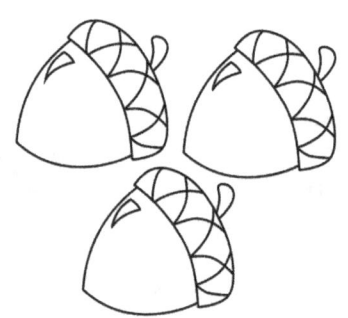

Nombre:_____

Revisión de números

Encierra en un círculo el grupo con menos.

Revisión de números

Nombre:_____

Cuenta. Escribe cuántos hay en total.

Total

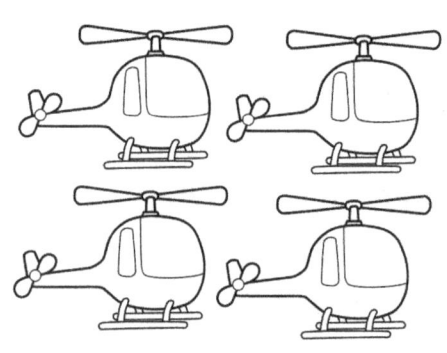  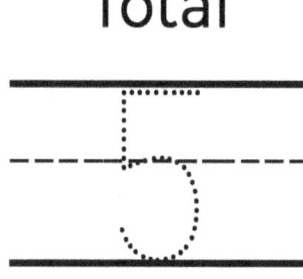

  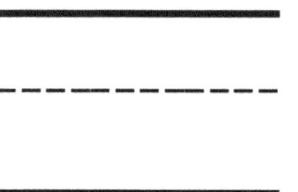

 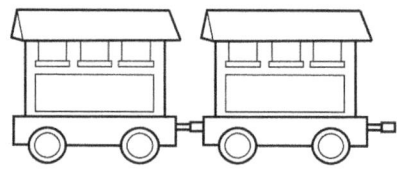 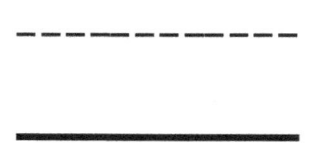

Denver International SchoolHouse

Nombre:_____

Revisión de números

Cuenta. Escribe cuántos hay en total.

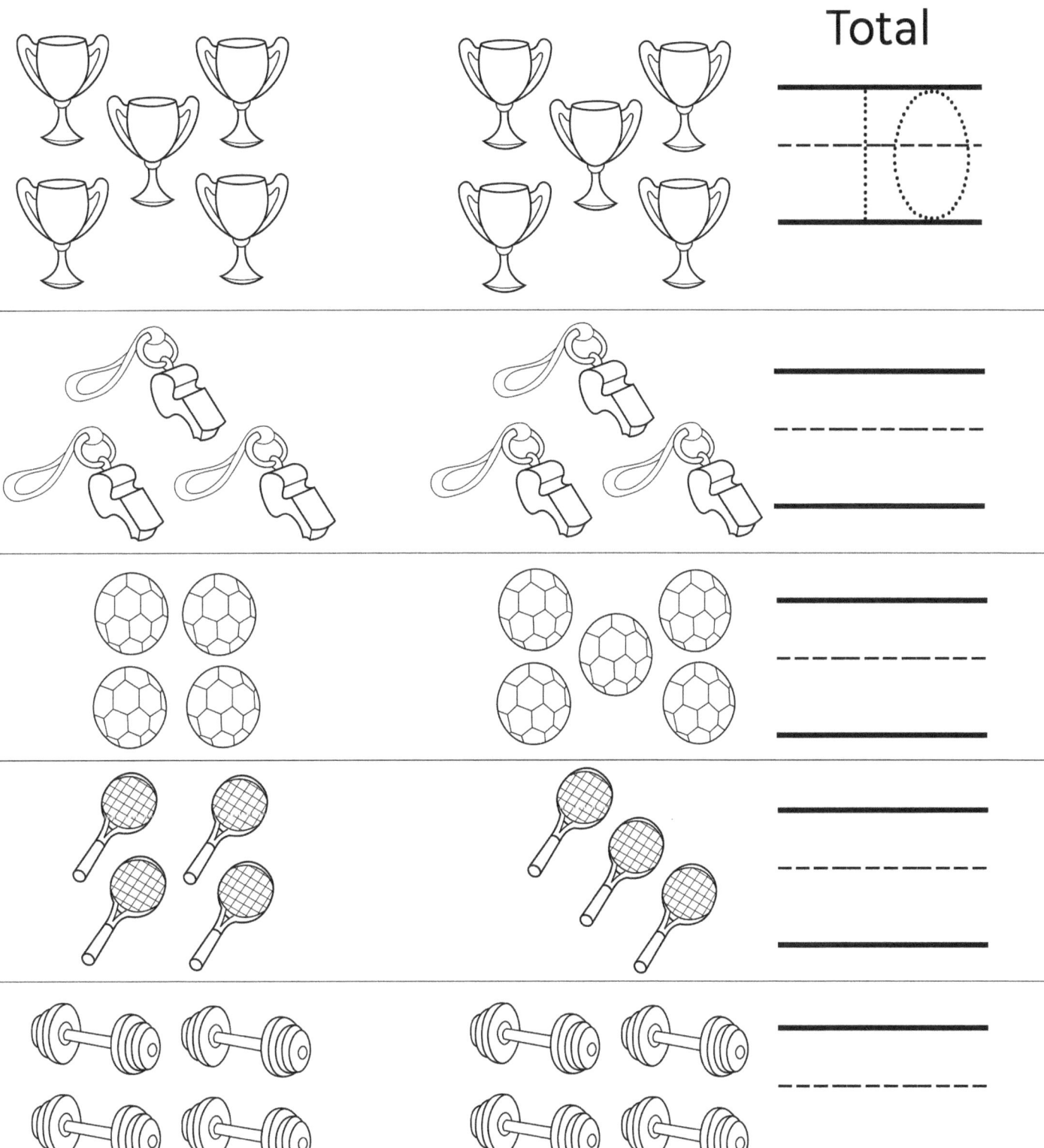

Nombre:_____

Revisión de números

Agregar. Escribe cuántos hay en total.

3 + 0 = 3

 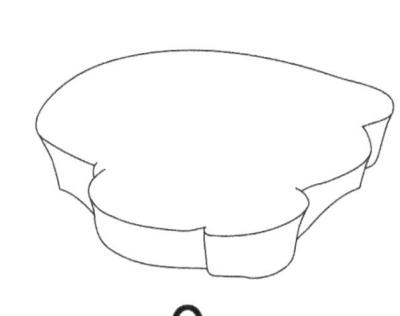

4 + 0 =   Total
_____

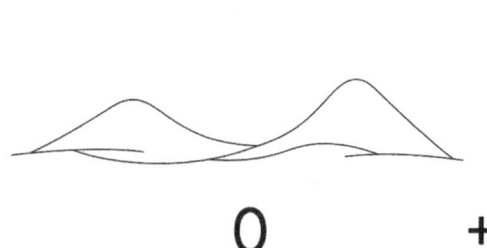 

0 + 2 =   Total
_____

2 + 0 =   Total
_____

Denver International SchoolHouse

Nombre:_____

Revisión de números

Usa el número para colorear la imagen.

3 tres

1 uno

2 dos

4 cuatro

Revisión de números

Usa el número para colorear la imagen.

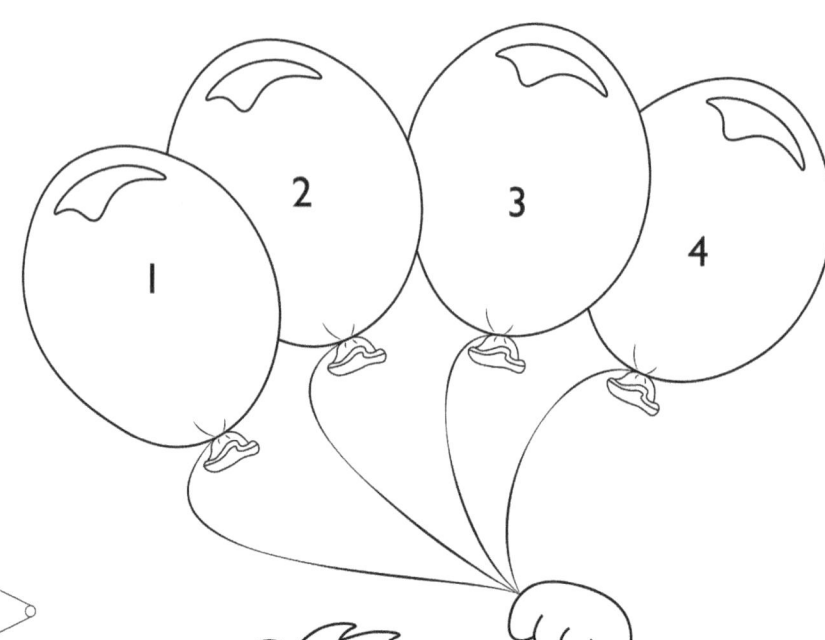

1 = azul

2 = rojo

3 = amarillo

4 = rosa

5 = marrón

Denver International SchoolHouse

Revisión de números

Usa el número para colorear la imagen.

1 = gris   2 = naranja   3 = verde

4 = rojo   5 = rosa

Nombre:_____

Revisión de números

Usa el número para colorear la imagen.

🌳 6 seis

🌳 5 cinco

🌳 7 siete

🌳 4 cuatro

Revisión de números

Nombre:_____

Conecte los puntos del 1 al 20.

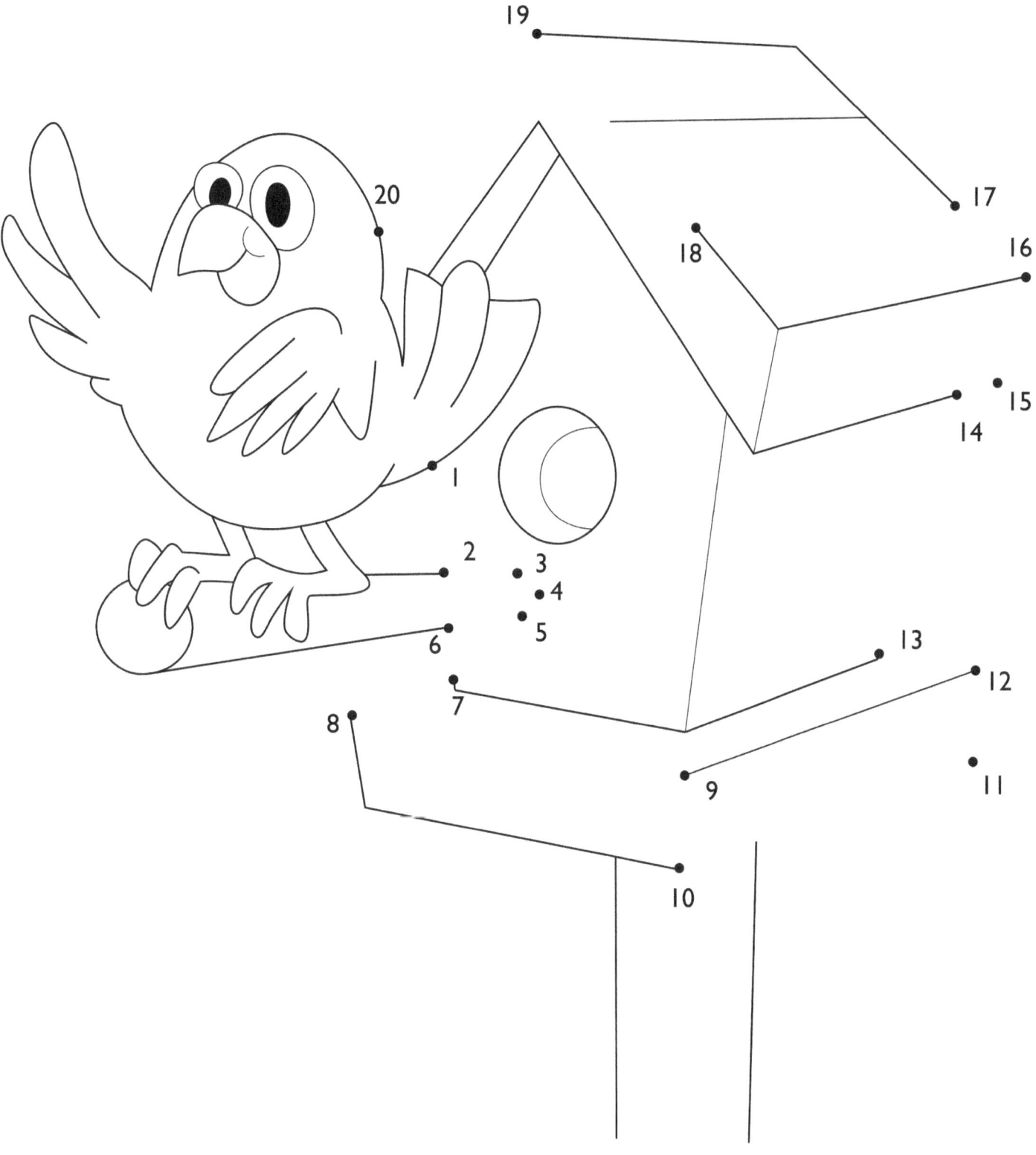

Revisión de números

Cuenta los objetos. Colorea el número para mostrar cuántos hay.

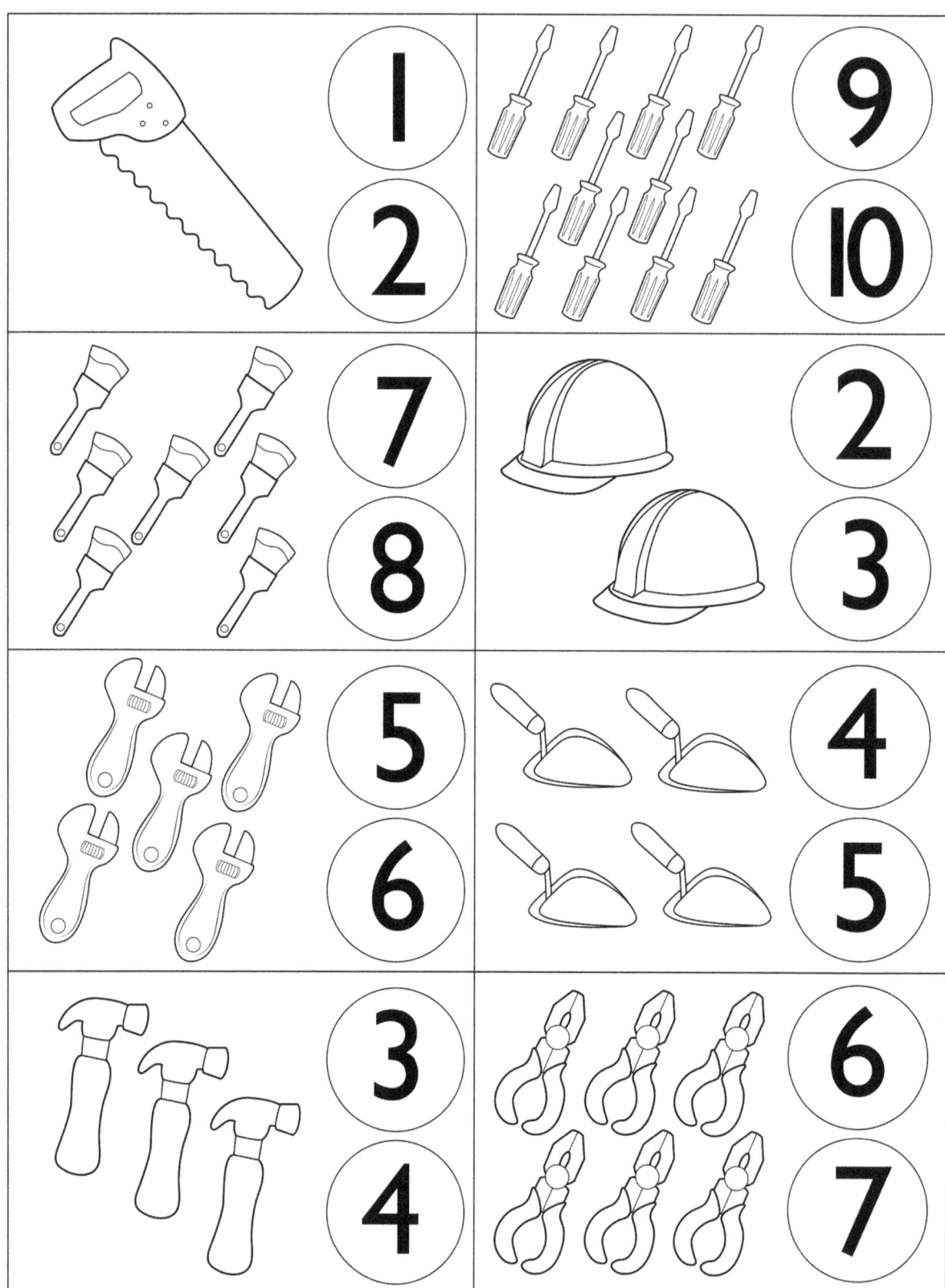

Nombre:_____

Revisión de números

Cuenta los objetos. Colorea el número para mostrar cuántos hay.

trompetas — 19 / 20	arpas — 11 / 12
saxofones — 12 / 13	flautas — 17 / 18
guitarras — 14 / 15	panderetas — 15 / 16
micrófonos — 16 / 17	violines — 13 / 14

Revisión de números

*Nombre:*_____

Usa el número para colorear la imagen.

11 once

10 diez

8 ocho

9 nueve

Nombre:_____

Revisión de números

Suma. Escriba cuántos hay.

$$\begin{array}{r} 2 \\ +1 \\ \hline 3 \end{array}$$

$$\begin{array}{r} 3 \\ +2 \\ \hline \end{array}$$

$$\begin{array}{r} 1 \\ +1 \\ \hline \end{array}$$

$$\begin{array}{r} 1 \\ +3 \\ \hline \end{array}$$

$$\begin{array}{r} 2 \\ +2 \\ \hline \end{array}$$

$$\begin{array}{r} 2 \\ +1 \\ \hline \end{array}$$

$$\begin{array}{r} 1 \\ +2 \\ \hline \end{array}$$

*Nombre:*_____

Revisión de números

Usa el número para colorear la imagen.

 13 trece

 12 doce

 15 quince

 14 catorce

Revisión de números

Suma. Escriba cuántos hay.

```
  3
+ 2
----
  5
```

```
  3
+ 3
----
```

```
  4
+ 3
----
```

```
  4
+ 4
----
```

```
  5
+ 5
----
```

```
  5
+ 4
----
```

```
  3
+ 3
----
```

Contáctenos:

Web: www.dispreschool.com

Teléfono: (303) 928-7535

Facebook: @dispreschool

Twitter: @DISPreschool

Dirección: 6295 S Main St B113, Aurora, CO 80016

www.ingramcontent.com/pod-product-compliance
Lightning Source LLC
Chambersburg PA
CBHW080036120526
44589CB00036B/2540